CW01664146

LIBRO DE LAS ALUCINACIONES

Colección Literaria
Universidad Popular
2003

To José Hierro:

We learn all that's simple
late in life…

("Tarde se aprende
lo sencillo…")

LIBRO DE LAS ALUCINACIONES
Book of Hallucinations

José Hierro

Translated by Gordon E. McNeer

Universidad Popular
San Sebastián de los Reyes
2003

Primera edición bilingüe

Portada e Ilustraciones:
JOSÉ HIERRO

Consejo Editor:
José García-Rayo
Pablo García-Rayo
Pilar Martín
Jesús Miguel Pérez
Francisca Aguirre
Tacha Romero Hierro

Directora de la Colección Literaria:
Margarita Hierro Torres

Translated by:
Gordon E. McNeer

© JOSÉ HIERRO
© AYUNTAMIENTO DE SAN SEBASTIÁN DE LOS REYES

Edita:

Ayuntamiento de San Sebastián de los Reyes
Departamento de Publicaciones de la
Universidad Popular José Hierro
Tel.: 91 658 89 92 - Fax: 91 651 23 73
E-mail: libros@piglesias.sanse.info

I.S.B.N.: 84-95710-11-0
Depósito Legal: M-12173-2003
Realiza: REPROFOT, S.L.
Celeste, 2 - 28043 Madrid

Ninguna parte de esta publicación, incluido el diseño de la cubierta, puede ser reproducida, almacenada o transmitida en manera alguna ni por ningún medio, ya sea eléctrico, químico, mecánico, óptico, de grabación o de fotocopia, sin permiso previo del autor.

A mi mujer:

Estas palabras
con la brisa y el oleaje
de nuestro mar
y de nuestra vida

To my wife:

These words
with the breeze and the waves
of our sea
and of our lives.

TEORÍA Y ALUCINACIÓN EN DUBLIN

THEORY AND HALLUCINATION IN DUBLIN

I

TEORÍA

Un instante vacío
de acción puede poblarse solamente
de nostalgia o de vino.
Hay quien lo llena de palabras vivas,
de poesía (acción
de espectros, vino con remordimiento).

Cuando la vida se detiene,
se escribe lo pasado o lo imposible
para que los demás vivan aquello
que ya vivió (o que no vivió) el poeta.
Él no puede dar vino,
nostalgia a los demás: sólo palabras.
Si les pudiese dar acción…

La poesía es como el viento,
o como el fuego, o como el mar.
Hace vibrar árboles, ropas,
abrasa espigas, hojas secas,
acuna en su oleaje los objetos
que duermen en la playa.
La poesía es como el viento,

I

THEORY

A moment void
of action can be filled only
with nostalgia or with wine.
There are those who fill it with living words,
with poetry (action
of ghosts, wine with remorse).

When life stops,
one writes of the past or the impossible
so that others may live that
which the poet already lived (or didn't live).
He can't give wine,
nostalgia to others: only words.
If he could give them action…

Poetry is like the wind,
or like fire, or like the sea.
It makes trees, clothes vibrate,
burns wheat tassels, dry leaves,
cradles in its waves the objects
that sleep on the beach.
Poetry is like the wind,

o como el fuego, o como el mar:
da apariencia de vida
a lo inmóvil, a lo paralizado.
Y el leño que arde,
las conchas que las olas traen o llevan,
el papel que arrebata el viento,
destellan una vida momentánea
entre dos inmovilidades.

Pero los que están vivos,
los henchidos de acción,
los palpitantes de nostalgia o vino,
esos... felices, bienaventurados,
porque no necesitan las palabras,
como el caballo corre, aunque no sople el viento,
y vuela la gaviota, aunque esté seco el mar,
y el hombre llora, y canta,
proyecta y edifica, aun sin el fuego.

or like fire, or like the sea:
it gives the appearance of life
to all that's immobile, to all that's paralyzed.
And the wood that burns,
the shells that the waves bring in or carry away,
the paper that the wind snatches up,
add sparkle to a momentary life
between two immobilities.

But those that are alive,
those filled with action,
those pulsing with nostalgia or wine,
those… happy, fortunate,
because they don't need the words,
like the horse runs, even though the wind isn't blowing
and the gull flies, even though the sea is dry,
and man cries and sings,
plans and builds, still without fire.

II

ALUCINACIÓN

Me acuerdo de los árboles de Dublin.

(Imaginar y recordar
se superponen y confunden;
pueblan, entrelazados, un instante
vacío con idéntica emoción.
Imaginar y recordar...)

Me acuerdo de los árboles de Dublin...
Alguien los vive y los recuerdo yo.
De los árboles caen hojas doradas
sobre el asfalto de Madrid.
Crujen bajo mis pies, sobre mis hombros,
acarician mis manos,
quisieran exprimirme el corazón.
No sé si lo consiguen...

Imaginar y recordar...
Hay un momento que no es mío,
no sé si en el pasado, en el futuro,
si en lo imposible... Y lo acaricio, lo hago
presente, ardiente, con la poesía.

II
HALLUCINATION

I remember the trees of Dublin.

(Imagining and remembering
are superimposed and confused;
they populate, intertwined, an empty
moment with identical emotion.
Imagining and remembering…)

I remember the trees of Dublin…
Someone lives them, and I remember them.
From the trees fall golden leaves
on the asphalt of Madrid.
They rustle under my feet, on my shoulders,
they caress my hands,
they might want to crush my heart.
I don't know if they'll succeed…

Imagining and remembering…
There's a moment that isn't mine,
I don't know if in the past, in the future,
if in all that's impossible… And I caress it, I make it
present, passionate, with poetry.

No sé si lo recuerdo o lo imagino.
(Imaginar y recordar me llenan
el instante vacío.)
Me asomo a la ventana.
Fuera no es Dublin lo que veo,
sino Madrid. Y, dentro, un hombre
sin nostalgia, sin vino, sin acción,
golpeando la puerta.
Es un espectro
que persigue a otro espectro del pasado:
el espectro del viento, de la mar,
del fuego —ya sabéis de qué hablo—, espectro
que pueda hacer que cante, hacer que vibre
su corazón, para sentirse vivo.

I don't know if I remember it or imagine it.
(Imagining and remembering fill
my empty moment.)
I look out the window.
Outside, it's not Dublin that I see,
but Madrid. And, inside, a man
without nostalgia, without wine, without action,
beating on the door.
He's a ghost
that pursues another ghost from the past:
the ghost of the wind, of the sea,
of fire—you already know what I'm talking about—a ghost
that can make his heart sing, make it
resonate, in order to feel alive.

LA NOCHE

Noche, fabricadora de embelecos,
loca, imaginativa, quimerista,
que muestras al que en ti su bien conquista
los montes llanos y los mares secos.

Lope de Vega

NIGHT

Night, fabricator of lies,
mad, imaginative, fanciful,
you show all lovers who trust in you
the mountains flat and the oceans dry.

Lope de Vega

NOCTURNO

El álamo bajo el águila,
la pesadumbre...
                              De dónde
la nube, la ola en la rueca,
la estrella sobre la roca,
las cuerdas tintas en rayo...

  Entre los ángeles de agua
el aire trenza y destrenza
sus pies pálidos... Columnas
siempre relampagueando
dentro del mar...
                              (no tenía
sentido).

                  Qué se dirían.
Quién sería el hombre. Quiénes
serían los caballeros
que no estaban... Se levantan
resonando la armadura,
tajando con sus espadas.
De quién será el brazo frío
que ha tocado. En él, el viento

NOCTURNE

The poplar tree beneath the eagle,
the sorrow…
                    Whence
the cloud, the wave on the distaff,
the star over the rock,
the colored strings in flashes…

   Among the water angels
the air braids and unbraids
its pale feet… Columns
always flashing
in the sea…
                    (it didn't make
sense).

            What could they be telling each other.
Who could the man be. Who
could the knights be
that weren't there… They rise up
their armour resounding,
slashing with their swords.
Whose can the cold arm be
that has struck. In it, the wind

gira y clama. (Una mujer
desparramaba las cartas
sobre el azul del relámpago.)

Tenían los caballeros
cubiertos los hombros de alas
de niebla. Entraba la noche,
pisaba el mar. Quién diría:
«Que llueve, señor». (Señor
Amor.) Alguno contaba
la guerra donde perdiera
su corazón.

Hace más
de mil años que no canta.
Pero en este instante grita
«Te quiero, te quiero».
(Lo sé, aunque no pueda oírlo.)
El cristal multiplicaba
la mesa de humo y de lino
donde se besaron.

¡Qué juventud a la orilla
de la ceniza, cintura
de escarcha! Los tulipanes
se acodan en el silencio.

whirls and cries out. (A woman
was scattering cards
over the blue of the lightning flash.)

The knights' shoulders
were covered with wings
of mist. Night came in,
it was walking on the sea. Who said:
"It's raining, sir." (Sir
Love.) Someone was describing
the war where he had broken
his heart.

He hasn't sung
for more than a thousand years.
But at this moment he shouts:
"I love you, I love you."
(I know this, even though I can't hear him.)
The crystal multiplied
the table of smoke and of linen
where they kissed.

What youth on the ashen
shore, waist
of frost! The tulips
rest on their elbows in silence.

Y arden la hojas. La perla
se desnuda entre los rizos
del volcán. Trono de sombra,
agua hilandera. Los ojos
vuelven a vivir sus cárceles.
Pero no puede (quién no
puede) volar de cansancio.

Tenía un vestido púrpura
y brazos blancos. Mejor
es no pensar, no pensar,
no pensar…

Eran las doce
de la mañana. Voló
con mucho espanto. Allí habría
ángeles de piedra. Y mucho
espanto.

Y no volverá más.

And the leaves burn. The pearl
disrobes within the volcano's
curls. Shadowy throne,
weaving water. Eyes
relive their prisons.
But can't (who can not)
fly from exhaustion.

She had a purple dress
and white arms. It's better
not to think, not to think,
not to think...

It was twelve
noon. She flew away
very fearful. There would be
angels of stone there. And a lot of
fear.

And she won't return again.

MUNDO DE PIEDRA

Se asomó a aquellas aguas
de piedra.
Se vio inmovilizado,
hecho piedra. Se vio
rodeado de aquéllos
que fueron carne suya,
que ya eran piedra yerta.
Fue como si las horas,
ya piedra, aún recordaran
un estremecimiento.

La piedra no sonaba.
Nunca más sonaría.
No podía siquiera
recordar los sonidos,
acariciar, guardar,
consolar…

Se asomó al borde mudo
de aquel mundo de piedra.
Movió sus manos y gritó su espanto.
Y aquel sueño de piedra
no palpitó. La voz

WORLD OF STONE

He looked out upon those waters
of stone.
He saw himself immobilized,
turned to stone. He saw himself
surrounded by those
who were his own flesh,
who were now rigid stone.
It was as if the hours,
now stone, still might remember
a trembling.

The stone didn't make a sound.
It would never make a sound again.
He couldn't even
remember the sounds,
to caress, to protect,
to console…

He looked out upon the quiet border
of that world of stone.
He waved his hands and cried out in fear.
And that stone sleep
didn't react. His voice

no resonó en aquel
relámpago de piedra.

Fue imposible acercarse
a la espuma de piedra,
a los cuerpos de piedra
helada. Fue imposible
darles calor y amor.

Reflejado en la piedra
rozó con sus pestañas
aquellos otros cuerpos.
Con sus pestañas, lo único
vivo entre tanta muerte,
rozó el mundo de piedra.
El prodigio debía
realizarse. La vida
estallaría ahora,
libertaría seres,
aguas, nubes, de piedra.

Esperó, como un árbol
su primavera, como
un corazón su amor.

Allí sigue esperando.

didn't resonate in that
lightning flash of stone.

It was impossible to draw near
to the stone foam,
to the bodies of frozen
stone. It was impossible
to give them warmth and love.

Reflected in the stone,
he grazed those other bodies
with his eyelashes.
With his eyelashes, the only
thing alive among so much death,
he grazed the world of stone.
The miracle would be
accomplished. Life
would burst forth now,
would set free beings,
waters, clouds, of stone.

He waited, like a tree
its spring, like
a heart its love.

He's still waiting there.

CANCIÓN DEL ENSIMISMADO EN EL PUENTE DE BROOKLYN

Apretó las esquirlas
de sol entre los dedos
como si modelase
la mañana con ellos.
En el puente de Brooklyn.

La luz quita a las cosas
su densidad, su peso.
Alas les da: que sean
criaturas del viento.
Luces les da: que moje
sus frentes el misterio.
En el puente de Brooklyn.

Una mujer le entrega
un periódico: «Léalo,
es importante. Mire
las aguas: llevan muertos».
¿Muertos? Mira las aguas.
Son sólo un curso negro.
En el puente de Brooklyn.

SONG OF ONE LOST IN THOUGHT ON THE BROOKLYN BRIDGE

He grasped the shards
of sunlight between his fingers
as if to shape
the morning with them.
On the Brooklyn Bridge.

Light takes the density,
the weight away from things.
It gives them wings: that they may be
creatures of the wind.
It illumines them: that mystery
might whet their minds.
On the Brooklyn Bridge.

A woman offers him
a paper: "Read it,
it's important. Look in
the waters: they carry the dead."
The dead? He looks in the waters.
They're only a dark current.
On the Brooklyn Bridge.

Un curso negro y frío
y silencioso, pero
bajo la superficie
laten playas y cielos,
laderas con encinas,
cales y cementerios.
«Mire las aguas: llevan
muertos». (Pero otros muertos.)
En el puente de Brooklyn.

Se entreabre el río. Muestra
las entrañas del tiempo.
Revive lo vivido,
rescata lo pretérito.
«Mire los muertos. Lea
lo que dice…» (Sus muertos…,
su corazón, debajo
del agua, en el silencio…)
No ve: recuerda sólo.
Se ve a sí mismo muerto.
¿Cómo decir que ha sido
quien dio figura al fuego,
quien lloró por Aquiles,
el de los pies ligeros;
quien besara en la boca a
Julieta Capuleto?
En el puente de Brooklyn.

A current dark and cold
and silent, but
below the surface
thrive shores and skies,
hillsides with oaks,
limestone and cemeteries.
“Look in the waters: they carry
the dead.” (But other dead.)
On the Brooklyn Bridge.

The river opens up. Shows
the inner workings of time.
Revives all that’s lived,
rescues all that’s past.
“Look at the dead. Read
what it says…” (His dead…,
his heart, below
the water, in the silence…)
He doesn’t see: only remembers.
He sees himself dead.
How’s to say if it is he
who gave fire its form,
who wept for Achilles,
the one fleet of foot,
who gave Juliet Capulet
a kiss on the mouth?
On the Brooklyn Bridge.

¿Mendigo de qué mundo?
¿Errante por qué tiempo
marchito? La mujer
se va desvaneciendo.
En el puente de Brooklyn.

Beggar from what world?
Wandering through what
withered age? The woman
slowly fades away.
On the Brooklyn Bridge.

ALUCINACIÓN EN SALAMANCA

¿En dónde estás, por dónde
te hallaré, sombra, sombra,
sombra?...

Pisé las piedras,
las modelé con sol
y con tristeza. Supe
que había allí un secreto
de paz, un corazón
latiendo para mí.

Y qué serías, sombra,
sombra, sombra; qué nombre,
y qué forma, y qué vida
serías, sombra. Y cómo
podías no ser vida,
no tener forma y nombre.

Sombra: bajo las piedras,
bajo tanta mudez
—dureza y levedad,
oro y hierba—, qué, quién
me solicita, qué

HALLUCINATION IN SALAMANCA

Where are you, where
will I find you, shadow, shadow,
shadow?...

                    I stepped on the stones,
I shaped them with sun
and with sadness. I learned
that there was a secret there
of peace, a heart
beating for me.

   And what could you be, shadow,
shadow, shadow; what name,
and what form, and what life
could you be, shadow. And how
could you not be life,
not have form and name.

   Shadow: beneath the stones,
beneath so much quiet
—severity and softness,
gold and grass—what, who
seeks me out, what

me dice, de qué modo
entenderlo... (no encuentro
las llaves). Sombra, sombra,
sombra... Cómo entenderlo
y nacerlo...

De pronto,
deslumbradoramente,
el agua cristaliza
en diamante... Una súbita
revelación...

Azul:
en el azul estaba,
en la hoguera celeste,
en la pulpa del día,
la clave. Ahora recuerdo:
he vuelto a Italia. *Azul,*
azul, azul: era ésa
la palabra (no *sombra,*
sombra, sombra). Recuerdo
ya —con qué claridad—
lo que he soñado siempre
sin sospecharlo. He vuelto
a Italia, a la aventura
de la serenidad,

does it tell me, in what way
to understand it... (I don't find
the keys.) Shadow, shadow,
shadow... How to understand it
and give birth to it...

All at once,
blindingly,
the water crystallizes
into a diamond... A sudden
revelation...

Blue:
in blue was,
in the celestial fire,
in the flesh of the day,
the key. Now I remember:
I've returned to Italy. *Blue,*
blue, blue: that was
the word (not *shadow,*
shadow, shadow). I remember
now—with what clarity—
what I've always dreamed
without suspecting it. I've returned
to Italy, venturing
after serenity,

del equilibrio, de
la belleza, la gracia,
la medida...

Por estas
plazas que el sol desnuda
cada mañana, el alma
ha navegado, limpia
y ardiente. Pero dime,
azul (¿o hablo a la sombra?),
qué dimensión le prestas
a esta hora mía; quién
arrebató las alas
a la vida. Y quién fue
que yo no sé. Y quién fui
el que ha vivido instantes
que yo recuerdo ahora.
Qué, alma mía, en qué cuerpo,
que no era mío, anduvo
por aquí, devanando
amor, entre oleadas
de piedra, entre oleadas
encendidas (las olas
rompían y embestían
contra las torres peñas)...

after equilibrium, after
beauty, grace,
measure...

Through these
squares that the sun lays bare
each morning, my soul
has sailed, clean
and passionate. But tell me,
blue (or am I speaking to the shadow?),
what dimension do you lend
to this time of mine; who
ripped the wings off
of life. And who was it
that I don't know. And who was I
who has lived moments
that I remember now.
What, my soul, in what body,
that wasn't mine, did you walk
about here, casting for
love, among oceans
of stone, among fiery
oceans (the waves
smashed and crashed
against the mountain towers)...

Entre oleadas... Olas...
Gris... Olas... Sombra... He vuelto
a olvidar la palabra
reveladora. Playas...
Olas... Sombra... Hubo algo
que era armonía, un sitio
donde estoy... (sombra, sombra,
sombra), donde no estoy.
No: la palabra no era
sombra. El fulgor del cielo,
la piedra rosa, han vuelto
a su mudez. Están
ante mí. Los contemplo,
y, sin embargo, ya
no están. El equilibrio,
la armonía, la gracia
no están. Ay, sombra, sombra
(y tanta claridad).

Quién disipó el lugar
(o el tiempo) que me daba
su sangre, el que escondía
el lugar (o era el tiempo)
no vivido. Y por qué
recuerdo lo que ha sido
vivido por mi cuerpo

Among oceans… Waves…
Grey… Waves… Shadow… I've
forgotten the inspirational
word again. Shores…
Waves… Shadow… There was something
that was harmony, a place
where I am… (shadow, shadow,
shadow), where I'm not.
No: the word wasn't
shadow. The brilliance of the sky,
the rose-colored stone, have returned to
their quiet. They are
before me. I observe them,
and, nevertheless, they're
no longer here. Equilibrium,
harmony, grace,
aren't here. Oh, shadow, shadow
(and so much clarity).

Who dispersed the place
(or the time) that gave me
its blood, the one that hid
the place (or was it the time)
not lived. And why
do I remember what has been
lived by my body

y mi alma. Qué hace
aquí, por mi memoria,
este avión roto, un viejo
Junker, bajo la luna
de diciembre. La niebla,
la escarcha, aquel camino
hasta el silencio, aquella
mar que estaba anunciando
este mismo momento
que no es tampoco mío.

Quién sabe qué decían
las olas de esta piedra.
Quién sabe lo que hubiera
—antes— dicho esta piedra
si yo hubiese acertado
la palabra precisa
que pudo descuajarla
del futuro. Cuál era
—ayer— esa palabra
nunca dicha. Cuál es
esa palabra de hoy,
que ha sido pronunciada,
que ha ardido al pronunciarla,
y que ha sido perdida
definitivamente.

and my soul. What's this
wrecked plane doing here,
in my memory, an old
Junker, under the December
moon. The fog,
the frost, that road
toward silence, that
sea that was announcing
this very moment
that isn't mine either.

Who knows what the waves
were saying about this stone.
Who knows what this stone
—before—would have said
if I had hit upon
the precise word
that could dislodge it
from the future. What was
—yesterday—that word
never said. What is
that word today
that has been pronounced,
that has burned upon pronouncing it,
and that has been lost
definitively.

ALUCINACIÓN SUBMARINA

Tal vez os cueste comprenderlo. Yo mismo,
en este mármol verde de oleaje glacial,
no lo comprendo bien del todo.
Quizá nadie jamás reciba este mensaje.
O, cuando lo reciba, no sepa interpretarlo.
Porque todo, allá arriba, habrá variado entonces
probablemente. (Aquí seguirá todo igual.)

Si entendieseis por qué viví...
Si sospechaseis cómo quise ser descifrado,
contagiar, vaciarme, a través de unas pálidas palabras
que daba vida el son más que el sentido...
Y cuando imaginaba que moriría, que enmudecería,
yo trataba de herir papeles con palabras,
poner allí palabras muertas, sin son y sin calor.
Era lo mismo que arrojar al mar una botella.
Quién sabe si el mensaje se perdería en alta mar,
se estrellaría contra los peñascos,
llegaría a una costa lejana, donde se hablaban otras lenguas...

Aquello era en la tierra. Aquí, en el mar,
no penséis que las cosas son distintas de aquéllas.
No lo creáis: bien lo sabían ellos, los japoneses.

SUBMARINE HALLUCINATION

Maybe you'll have trouble understanding this. I myself,
in this green marble of glacial waves,
don't understand it all that well.
Maybe no one will ever receive this message.
Or, when he receives it, he won't know how to interpret it.
Because everything, up there, will have changed then
probably. (Here it will go on all the same.)

If you could only understand why I lived...
If you could only suspect how I tried to be deciphered,
to excite, to unburden myself, through a few pale words
that sound more than sense brought to life...
And when I thought that I would die, that I would grow silent,
I tried to wound paper with words,
to place dead words there, without sound and without warmth.
It was the same as throwing a bottle into the sea.
Who knows if the message would be lost on the high seas,
would smash against the cliffs,
would reach a distant coast, where other languages were spoken...

That was on earth. Here, in the sea,
don't think that things are any different from over there.
Don't believe it: they knew this very well, the Japanese.

Por eso nos hicieron esclavos hace mucho.
Los relativamente libres, vosotros, los de arriba,
sabéis cómo cayeron los hombres de las islas
sobre nosotros. Cuando el mundo fue estrecho para tantos
y fueron estrujadas las ubres de la tierra.

La cosa fue sencilla. Todo lo puede el hombre
con teorías, experiencias, instrumentos y números.
Sustituyeron los pulmones por branquias, y la sangre
por caudales helados, y la piel por escamas...
(No más difícil que pensar la rueda,
que hacer saltar a voluntad la chispa,
que apresar vida, muerte y amor en cuatro letras
ordenadas sobre un papel...
dar a una llave y que se acerque la música remota,
o tantas cosas admirables
que se miden en años luz...)

Alguien tenía que sacrificarse.
Después de todo, nos dejaron la vida (aunque distinta).
El mes en que las algas se aquietan en el fondo,
tras las resacas del otoño, después de la cosecha
de algas, vuestro alimento, celebramos la fiesta
hermosa de la libertad...

La esclavitud es Sísifo. Nosotros somos útiles.
Somos granero de la Humanidad.
Alimentamos a los seres, espantamos su hambre.

That's why they made us slaves a long time ago.
The relatively free, you, those up above,
know how the men from the islands fell
upon us. When the world was crowded for so many,
and the earth's udders were being squeezed.

It was a simple matter. Man can do everything
with theories, experiments, instruments and numbers.
They substituted the lungs with branchia, and the blood
with an icy flow, and the skin with scales...
(No more difficult than inventing the wheel,
than making sparks fly on demand,
than capturing life, death and love in four letters
arranged on a piece of paper...
flipping a switch and having distant music draw near,
or so many admirable things
that are measured in light years...)

Someone had to be sacrificed.
After all, they left us our lives (although different).
The month in which the algae grow calm on the bottom,
after the autumn undercurrents, after the algae
harvest, your food, we celebrate the beautiful
freedom festival...

Slavery is Sysiphus. We are useful.
We are Humanity's granary.
We supply human beings with food, we spook their hunger.

(Sonríen amarillos cuando visitan nuestras plantaciones).
Somos felices, aunque todavía
quedamos muchos viejos (la vida es larga aquí),
y aún recordamos, y aún sabemos
cuándo es de noche arriba...

(Pocos conocen el significado
de esa luz tenue —luna, decíamos—, que se abre
en el silencio negro, prodigiosa.
Y nos besamos cuando nos ilumina...)

Esto es lo malo: los recuerdos.
Los que nacimos allá arriba, recordamos.
Algunos aún soñamos y revivimos mitos
y fábulas. Las viejas damas, cuando llega la noche,
suben ligeras a la superficie
a hechizar marineros, a destrenzar para vosotros
canciones y prodigios, mientras los jóvenes sonríen.

Aún recordamos; es lo malo. Este mar, por ejemplo,
pero visto desde la playa.
Y los sonidos..., los rumores..., el prodigio de nubes,
de matices, de flores..., los aromas aquellos...
Y, sobre todo, tanta vida nuestra
que les dio belleza y sentido...

(They smile, yellow, when they visit our plantations.)
We are happy, although many
of us old-timers still remain (life is long here),
and we still remember, and we still know
when it's night above...

(Few know the meaning
of that tenuous light—moon, we used to say—that opens
in the black silence, awesome.
And we kiss when it illuminates us...)

This is the bad part: the memories.
Those of us who were born above, we remember.
Some of us still dream and relive myths
and fables. The older ladies, when night arrives,
go up quickly to the surface
to bewitch sailors, to unbraid
songs and wonders for you, while the young smile.

We still remember; that's the bad part. This sea, for example,
but seen from the shore.
And the sounds..., the murmurings..., the wonder of clouds,
of nuances, of flowers..., those aromas...
And, above all, so much of our lives
that gave them beauty and meaning...

A veces nos decimos si no estaremos engañados.
«Ningún tiempo pasado fue mejor...» Es posible.
Nos lo dicen los jóvenes cuando les relatamos
historias que no entienden...
Todo tiempo pasado era la juventud, y eso sí era mejor.
La juventud es un diamante en medio del camino.
Hasta llegar a ella, nada miramos sino a ella.
Cuando la rebasamos —porque el fin nos reclama
y es imposible detenerse—,
es ya pasado. Y nada vemos. Y sólo recordamos
el instante, el relámpago, en que camino y juventud coincidieron.

Tal vez ahora nos deslumbre
no el sol, sino el diamante bajo el sol,
tal vez...

Un día dije a los jóvenes: «Vamos
a rescatar por un momento el paraíso,
a revivir la vida que no se ahogó en el mar».
Volví con la emoción y la inquietud de los retornos,
como una ruina que visita a un ser viviente.
«He aquí mi antiguo reino», dije.

...Cómo olvidé que el sol nos abrasa los ojos,
hechos a la luz tenue de las profundidades.
Y nos ahogábamos —ya somos criaturas marinas—.

At times, we wonder if we aren't deceived.
"No time past was better." It's possible.
The young say this to us when we tell them
stories that they don't understand...
All time past was youth, and that was certainly better.
Youth is a diamond in the middle of the road.
Until reaching it, we look at nothing but it.
When we overtake it—because the end claims us,
and it's impossible to stop—,
it's already past. And we see nothing. And we only remember
the moment, the lightning flash, in which road and youth coincided.

Maybe now it's not the sun
that blinds us, but the diamond beneath the sun,
maybe...

One day, I said to the young: "Let's
recapture paradise for a moment,
relive the life that didn't drown in the sea."
I went back with the emotion and the anxiety of all reunions,
like a ruin that visits a living human being.
"Here's my ancient kingdom," I said.

...How did I forget that the sun burns our eyes,
used to the tenuous light of the depths.
And we were suffocating—we're marine creatures now—.

Cómo olvidé, cómo pude olvidar
el trueno de la voz, el bramido, el estrépito
del viento entre las copas de los árboles...
Cómo olvidé que nuestro paso, nuestros movimientos
eran mecánicos y torpes... (Aquí en el mar es todo
deslizamiento, suavidad, armonía...)
Sufrí cuando los vi reír entre jadeos,
entre toses y ahogos a los jóvenes...
Cómo pude quemar mi recuerdo, empañar
la luz de mi diamante... Cómo no supe a tiempo
que al volver a la superficie
lo destruía todo y me quedaba
sin mar, tierra, ni cielo, pobre superviviente
de la nostalgia y de la decepción...

How did I forget, how could I forget
the voice's thunder, the roar, the din
of the wind in the treetops…
How did I forget that our steps, our movements
were mechanical and clumsy… (Here in the sea it's all
sliding, softness, harmony…)
I suffered when I saw the young ones laughing
between gasps, between coughs and choking…
How could I destroy my memory, cloud
the light of my diamond… How did I not know in time
that by returning to the surface
I was destroying it all, and I was left
without sea, land, or sky, a poor survivor
of nostalgia and of disenchantment…

RENUNCIACIÓN

Lo quiso todo o nada.
Por eso dejó todo:
para tenerlo todo.

Qué sentirá. Qué cifra
ordenará su mundo,
revelará sus seres.

Qué esfinge arranca ahora
al arpa sideral
arquitecturas músicas.

Y cómo ramas, nubes,
granos de sol, enjambres
de lluvia, romperán

contra su trono de oro,
salpicarán su báculo
del alba de las nadas...

RENUNCIATION

He wanted all or nothing.
That's why he left it all:
to have it all.

What must he feel. What cipher
orders his world,
reveals its beings.

What sphinx now plucks
from his sidereal harp
musical edifices.

And how might branches, clouds,
grains of sun, strings
of rain, break

against his golden throne,
splash upon his sceptre
from the dawn of nothings…

EL MAR EN LA LLANURA

¿Estarás siempre de mi parte,
adormecida entre mis brazos,
primaveral y musical,
afirmándote y afirmándonos?

¿A centenares de kilómetros,
a millares de encinas y álamos,
a millones de horas, de ríos,
de cumbres de piedra, de páramos?

Esta mañana te ha teñido
el recuerdo de vinos pálidos.
En las ramas de acacia, otoño
puso a dorar su seco manto.

Hojas crujían con la música
con que embistes acantilados.
La llanura fingió latidos,
temblores, fuegos oceánicos.

¿Tu compañía? ¿Tu nostalgia?
¿Tu esperanza?... ¿Siempre a mi lado
estarás, mar, primaveral,
afirmándote y afirmándonos?
Mar mía, ¿pase lo que pase,
aun después de lo que ha pasado?

SEA ON THE PLAINS

Asleep within my arms,
will you always take my side,
spring-like and musical,
affirming yourself and affirming our lives?

Hundreds of kilometers away,
thousands of oaks and poplar trees,
millions of hours, of rivers,
of wastelands, of rocky peaks?

This morning has colored
your memory with pale wines.
In the branches of the acacia, autumn
placed its mantle in the golden light.

Leaves rustled with the music
with which you rush coastal heights.
The plains feigned pulses,
tremblings, oceanic fires.

Your companionship? Your nostalgia?
Your hope?... Always by my side
will you be, sea, spring-like,
affirming yourself and affirming our lives?

Oh my sea, no matter what happens,
even after all that has happened?

MARINA IMPASIBLE

Por primera vez, o por última,
soy libre...

Arbustos con espuelas
de marfil. Rocas oxidadas.
El otoño pliega sus tonos
frente al crujido de las olas.
Por primera vez, o por última.

Las gaviotas tocan sus oboes
de tormenta. Unos dedos verdes
hunden la luna en luz marina,
la tienden al pie del silencio.
Se ha desnudado una mujer
y muestra sus luces mellizas;
al huir, dispersa su paso
luminosa arena de estrellas.
Por primera vez, o por última.

Tijeras de oro en el poniente.
Se enciende un violín ruiseñor
en el esqueleto del mar.
Garras de nubes estrangulan
el azul, y lo hacen gemir.

IMPASSIVE SEASCAPE

For the first time, or for the last,
I'm free…

                    Shrubs with ivory
spurs. Oxidized rocks.
Autumn folds its tones
before the rustling of the waves.
For the first time, or for the last.

The sea gulls play their stormy
oboes. Green fingers
plunge the moon into the light of the sea,
lay it down in the depths of silence.
A woman has disrobed,
and shows off her twin lights;
on fleeing, her steps disperse
luminous star-filled sand.
For the first time, or for the last.

Golden scissors in the sunset.
A nightingale violin begins to play
in the skeleton of the sea.
Clawlike clouds strangle
the blue and make it groan.

Ojos fijos en su tesoro,
presente inmóvil —sin recuerdos,
sin propósitos—, soy ahora.
Todo está sometido a un orden
que yo no entiendo. Pero embarco
en la nave, y el marinero
me dirá su cantar, más tarde,
desde el éxtasis…

Por primera,
o por única vez, soy libre.

Eyes fixed on their treasure,
immobile present—without memories,
without plans—, I'm alive now.
Everything is subjected to an order
that I don't understand. But I board
the ship, and the sailor
will sing his song to me, later,
at the moment of ecstasy...

For the first,
or for the only time, I'm free.

ATALAYA

Desde las atalayas de sus corazones ahúman,
entre sueños razonan y por señas se entienden…

Quevedo

WATCHTOWER

From the watchtowers of their hearts they signal,
in dreams they speak, and by signs they conspire…

Quevedo

RETRATO EN UN CONCIERTO

(HOMENAJE A J. S. BACH)

I

La sala tiene una iluminación de clínica.
Los estudiantes se han sentado silenciosos.
Juan Sebastián deja sobre la mesa de trabajo
su mundo de evocaciones, de fantasía y aventura.
Cuelga de una ventana con nubes
su casaca, la cáscara de su mundo cotidiano,
y matemáticamente comienza su ejercicio musical.

II

Volvamos a la realidad.

Aquí está Solveig, solitaria
en el laberinto de música.
Las nieves han dado a sus ojos
claridad y serenidad.
Resbala la música sobre
la impasibilidad de su cuerpo.

PORTRAIT IN A CONCERT

(HOMAGE TO J. S. BACH)

I

The room has hospital lighting.
The students have sat down silently.
Johann Sebastian leaves on the work table
his world of evocations, of fantasy and adventure.
He hangs his dress coat, the shell of his everyday world,
on a window with clouds,
and mathematically begins his musical exercise.

II

Let's get back to reality.

Here's Solveig, alone
in her musical labyrinth.
The snow has lent her eyes
clarity and serenity.
The music glides over
her body's apathy.

Cualquiera podría pensar
en una piedra, misteriosa
por dentro, bruñida por fuera,
pura, evidente y enigmática.

III

Juan Sebastián divide exactamente el silencio.
Alza columnas firmes desde los tonos.
El rigor no consigue impedir una nube,
una yedra envolvente que desordena los números.
Los dedos sobre el marfil dispersan el caos.
Pero el marfil guarda aún rumor de selva.
Vibraciones, armónicos, aire esclavizado,
física y éxtasis sometidos a la matemática:
con eso el hombre paraliza el tiempo.

IV

Volvamos a la realidad.

La realidad ha sido anoche
una habitación en penumbra,
con música, cristal y humo.

Anyone might think
of a stone, mysterious
within, burnished without,
pure, evident and enigmatic.

III

Johann Sebastian divides the silence exactly.
He raises up firm columns from the tones.
His rigor does not succeed in preventing a cloud,
an encircling ivy from disorganizing the numbers.
His fingers on the ivory disperse the chaos.
But the ivory still retains murmurs from the jungle.
Vibrations, harmonics, air enslaved,
physics and ecstasy in the service of mathematics:
with that, the man paralyzes time.

IV

Let's get back to reality.

Last night, reality has been
a room in penumbra,
with music, crystal and haze.

Todas las noches ha ocurrido
lo mismo: la estatua se ha puesto
a vibrar. Bajo el suéter ha ido
descubriendo carne encendida,
pechos que tiemblan, manos ávidas,
dientes que muerden y que hieren.
Bajo la falda, vientre, muslos,
cintura, sexo: desnudez
impura, sed de aniquilarse,
de apoderarse, de morir
salvajemente. Y un sabor
a vino terrible de muerte,
a animal que destruye el tiempo
uniéndose al tropel oscuro.

V

Juan Sebastián ensancha con sus dedos el instante
hasta casi invadir las fronteras de la eternidad.

(Ahora está encadenada al sonido.
Si la Solveig desnuda por las habitaciones de la noche,
si aquella desconocida se acercase a la que escucha
amparada por la campana neumática de la música,
la desvanecería con un gesto de indiferencia y hastío,

Every night, the same thing
has occurred: the statue has begun
to shake. Beneath its sweater
fiery flesh has slowly been uncovered,
breasts that tremble, lusting hands,
teeth that tear and that wound.
Beneath its skirt, belly, thighs,
waist, sex: impure
nakedness, a thirst to be annihilated,
to gain control, to die
savagely. And a taste
of the terrible wine of death,
of an animal that destroys time
joining up with the dark herd.

V

Johann Sebastian spreads the moment out with his fingers
until almost invading the frontiers of eternity.

(Now she's chained to the sound.
If Solveig naked through the rooms of the night,
if that stranger should approach the one who's listening
sheltered by the music's pneumatic bell,
she would dismiss her with a gesture of indifference and disgust,

como a un viajero de un planeta remoto
cuyo lenguaje fuese incomprensible para los humanos.
Dos seres irreconciliables sucediéndose y borrándose
sin que el uno deje en el otro su vestigio;
sin que el uno se refugie en la música para purificarse
de la ceniza de remordimientos que el otro le dejara.)

Juan Sebastián pliega el tiempo entre pétalos
con la serenidad de quien pliega olas, nubes,
pesadumbres, estrellas, ramajes y misterios.
Recoge del azul su casaca cotidiana,
y regresa silencioso y confortado a su realidad.

VI

Volvamos a la realidad.

¿En dónde está la tuya, Solveig?
Te destruyes al construirte
(una llama que extingue el agua,
un agua transformada en nube
por la llama a la que apagó),
¿en dónde está tu realidad,
suma de instantes armoniosos,
alimento para el recuerdo?

like a traveler from a remote planet
whose languaje was incomprehensible to humans.
Two irreconcilable beings succeeding and expunging each other
without one leaving its trace on the other;
without one seeking shelter in the music to purify herself
from the ashes of remorse that the other had left her.)

Johann Sebastian folds time between petals
with the serenity of one who folds waves, clouds,
sorrows, stars, schemes and mysteries.
He retrieves his everyday dress coat from the blue
and returns silently and comforted to his reality.

VI

Let's get back to reality.

Where is yours, Solveig?
You destroy yourself by constructing yourself
(a flame that water extinguishes,
water transformed into a cloud
by the flame that it put out),
where is your reality,
sum of harmonious moments,
sustenance for memory?

Cuando empiezas a dibujarte
en humo, se desata el viento
y te barre de la memoria.
Tus olas te han arrebatado:
has sido el náufrago y el mar,
has sido víctima y verdugo.

¿Cómo pensarte? Con los ojos
no lo consigo: ellos olvidan
apariencias, formas inmóviles
y recuerdan las formas vivas.
Pero bocas o manos son
diferentes, según aquello
que callen o besen, que hieran
o acaricien. ¿Cómo pensarte?

Ahora que escribo, pretendiendo
dibujarte, sin otro afán
que comprender y comprenderte,
me acuerdo de tus ojos. Ellos
poseían tal vez la clave.
Los dos seres que eras, miraban
con los mismos ojos, distantes
y fríos. No pertenecían
a tus dos vidas, sino a otra
que era tal vez la verdadera.

When you begin to sketch yourself
in smoke, the wind breaks loose
and sweeps you from my memory.
Your waves have carried you away:
you've been the castaway and the sea,
you've been victim and executioner.

How to think of you? With my eyes
I can't manage: they forget
appearances, immobile forms
and remember the living forms.
But mouths or hands are
different, according to that
which they silence or kiss, wound
or caress. How to think of you?

Now that I'm writing, trying
to portray you, without any other desire
than to understand and to understand you,
I remember your eyes. They
possessed, perhaps, the key.
The two beings that you were looked out
with the same eyes, distant
and cold. They didn't belong
to your two lives, but to another
which was perhaps the true one.

VII

MADRIGAL

¿Dónde estaréis, cómo borraros, ojos
míos, silencios de color de oliva?
¿Tras de la mar, latiendo en algas?
¿En la pálida lejanía?
¿Abriendo en las murallas del otoño
puertas de oro con llaves de ceniza?
¿Al sur, donde libera el ruiseñor
su chorro de hojas encendidas?

VII

MADRIGAL

Where can you be, how to expunge you, eyes
of mine, silences the color of olive green?
In the pale distances?
Living in the algae, behind the sea?
Opening in autumn's walls
golden doors with ashen keys?
To the south, where the nightingale lets fly
its stream of fiery leaves?

INAUGURACIÓN DE MONUMENTO

A Vicente Aleixandre

Los hombres graves desaparecieron
después de haber clavado al mediodía
su bastón de solemnidad.

Quedó sola la estatua. Y quedó el niño
a su sombra, riendo. Era evidente
como la hoja verde; inexplicable
también como la hoja verde.

¿Qué hacía el niño aquel? ¿Quién era? ¿Cómo
vino hasta allí? Y ¿por qué? Súbitamente
el niño desapareció.
Y no como los hombres de antes, esos
del canto llano del discurso.
No: como un ángel o una melodía;
así fue: como el viento o el amor.

La estatua aquella señalaba
hacia el lugar justo del hombre,
el que rompía sus cadenas, lágrima
a lágrima. Y su exvoto era la propia

INAUGURATION OF A MONUMENT

To Vicente Aleixandre

The serious men disappeared
after having nailed their solemn walking sticks
to the middle of the day.

The statue remained alone. And the boy remained
in its shadow, laughing. He was evident
like the green leaf; inexplicable
also like the green leaf.

What was that boy doing? Who was he? How
did he come this far? And why? Suddenly
the boy disappeared.
And not like the men of old, those
with discourses in plain language.
No: like an angel or a melody;
thus it was: like the wind or love.

That statue pointed
toward the man's precise place,
the one who was breaking his chains, tear
by tear. And his offering was the very

estatua, cincelada verso a verso,
imán para el recuerdo, testimonio
liberador, inmortalizador.
Allí, donde indicaba el brazo, allí
estaría el poeta, el hombre, oculto,
acechando su gloria, imaginando
lo por venir. Detrás de los arriates
estaría su vida clara,
sin peso. Entré…
                                        Allí estaba
el niño. Y comprendí.

statue, chiseled line by line,
a magnet for memory, liberating,
immortalizing testimony.
There, where the arm indicated, there
would be the poet, the man, hidden,
stalking his glory, imagining
the future. Behind the flower beds
his life would be clear,
weightless. I entered...
                                        There was
the child. And I understood.

LOS ANDALUCES

Decían: «Ojú, qué frío»;
no «Qué espantoso, tremendo,
injusto, inhumano frío».
Resignadamente: «Ojú,
qué frío...» Los andaluces...

En dónde habrían dejado
sus jacas; en dónde habrían
dejado su sol, su vino,
sus olivos, sus salinas.
En dónde habrían dejado
su odio... Parecían hechos
de indiferencia, pobreza,
latigazo... «Ojú, qué frío».
Tiritaban bajo ropas
delgadas, telas tejidas
para cantar y morir
siempre al sol. Y las llevaban
para callar y vivir
al frío de Ocaña y Burgos,
al viento helado del mar
del Dueso... Los andaluces...

THE ANDALUSIANS

They'd say: "Jees, it's cold;"
not "What dreadful, terrible,
unjust, inhuman cold."
Resignedly: "Jees,
it's cold..." The Andalusians…

Where could they have left
their ponies; where could they have left
their sun, their wine,
their olive trees, their salt mines.
Where could they have left
their hatred... They seemed made
of indifference, poverty,
whiplashes... "Jees, it's cold."
They shivered under light
clothing, cloth woven
for singing and dying,
always in the sun. And they carried them off
to grow silent and live
in the cold of Ocaña and Burgos,
in the icy ocean wind
of the Dueso… The Andalusians...

Éstos que están esperando,
desde Huelva hasta Jaén,
desde Jaén a Almería,
junto a las plazas de cal
y noche, deben de ser
hijos de aquéllos. Esperan
que alguno venga a encerrarlos
entre rejas. Como aquéllos,
no preguntarán por qué.
No se quejarán de nada.
Ni uno se rebelará.
«Las cosas son como son,
como siempre han sido, como
han de ser mañana... Ojú,
qué frío...» Los andaluces...

Apenas dejaban sombra,
sonido, cuando pasaban.
Se borraban sus cabezas.
Tan sólo un inmenso frío
daba fe de ellos. Y aquella
dejadez que rodeaba
su fragilidad. Más solos
que ninguno. Más hambrientos
que ninguno... (Deseaba
que odiasen, porque los vivos

These that are waiting,
from Huelva as far as Jaén,
from Jaén to Almería,
beside the squares of limestone
and night, must be
the sons of the others. They're waiting
for someone to come and lock them up
behind bars. Like the others,
they won't ask why.
They won't complain about anything.
Not one will rebel.
"Things are the way they are,
the way they've always been, like
they'll probably be tomorrow... Jees,
it's cold..." The Andalusians…

They hardly left a shadow,
a sound, when they passed.
Their heads were blotted out.
Only an immense cold
attested to their presence. And that
sense of neglect that surrounded
their fragility. More alone
than anyone. More hungry
than anyone... (I wanted
them to hate, because the living

odian. Los vivos perdonan.
El hombre es fuego y es lluvia.
Lo hace el odio y el perdón.)
Indiferentes: «Ojú,
qué frío...» Los andaluces...

Un grano de trigo. Una
oliva verde. (Guardad
el aliento de la tierra,
el parpadeo del sol
para ayer, para mañana,
para rescataros...) Quiero
que despierten del pasado
de frío, de los cerrojos
del futuro. Todo está
tan confuso. Yo no sé
si los veo, los recuerdo,
los anticipo...

Hace pocos
kilómetros tuve aquí,
en mi mano, la madeja
de los días. La emoción
de los días. Como un padre
que olvidó hace tiempo el rostro
de los hijos muertos. Y ahora

hate. The living forgive.
Man is fire, and he is rain.
Hate makes him and forgiveness.)
Indifferent: "Jees,
it's cold..." The Andalusians...

A grain of wheat. A
green olive. (Hold dear to
the breath of the earth,
the blinking of the sun
for yesterday, for tomorrow,
for your ransom...) I want
them to wake up from their cold
past, from their future
deadbolts. Everything is
so confused. I don't know
if I see them, remember them,
anticipate them...

A few
kilometers back, I held here,
in my hand, the skein
of the days. The emotion
of the days. Like a father
who forgot some time ago the faces
of his dead children. And now

los recuerda. Y ahora vuelve
a olvidarlos, unos pocos
kilómetros más allá.
Olvidados para siempre.

Cuántos años hace de esto.
O cuantos faltan para esto
que hace un momento viví
por los caminos... —ojú,
qué frio— de Andalucía.

he remembers them. And now
he forgets them again, a few
kilometers farther on.
Forgotten forever.

How many years ago was this.
Or how many will it take for this
that I lived a moment ago
along the roads... —jees,
it's cold—of Andalusia.

YEPES COCKTAIL

Juan de la Cruz, dime si merecía
la pena descolgarte, por la noche,
de tu prisión al Tajo, ser herido
por las palabras y las disciplinas,
soportar corazones, bocas, ojos
rigurosos, beber la soledad...

—¿Otro whisky?

La pelirroja
—caderas anchas, ojos verdes—
ofrece ginebra a un amigo.
Hombros y pechos le palpitan
en el reír. *¡Oh llama de amor viva,*
que dulcemente hieres!....

Junto al embajador de China,
detrás de la cantante sueca,
el agregado militar
de Estados Unidos de América,
Juan de la Cruz bebe un licor
de luz de miel...

(Dime si merecía

YEPES COCKTAIL

John of the Cross, tell me if it was worth
the suffering to descend, at night,
from your prison to the Tagus, to be wounded
by words and by scourges,
to endure stern hearts, mouths, eyes,
to drink in the solitude...

—Another whisky?

The redhead
—broad hips, green eyes—
offers gin to a friend.
Her shoulders and breasts shake
as she laughs. *Oh living flame of love,*
how sweetly you wound!...

Beside the ambassador from China,
behind the Swedish singer,
the military attaché
from the United States of America,
John of the Cross drinks a liquor
of honey-colored light...

(Tell me if it was worth

la pena, Juan de Yepes, vadear
noches, llagas, olvidos, hielos, hierros,
adentrar en la nada el cuerpo, hacer
que de él nacieran las palabras vivas,
en silencio y tristeza, Juan de Yepes...
Amor, llama, palabras: poesía,
tiempo abolido... Di si merecía
la pena para esto...)

El aplaudido
autor con el puro del éxito,
la amiguita del productor
velando su pudor de nylon,
las mejillas que se aproximan
femeninamente: «Mi *rouge*
mancha, preciosa...» (Mancha amor
cuando en las bocas no hay amor.)

(Juan de la Cruz, dime se merecía
la pena padecer con fuego y sombra,
beber los zumos de la pesadumbre,
batir la carne contra el yunque, Juan
de Yepes, para esto... Vagabundo
por el amor, y huérfano de amor...)

the suffering, Juan de Yepes, to overcome
nights, wounds, slights, frosts, irons,
to delve into nothingness with your body, to cause
living words to be born from it,
in silence and sadness, Juan de Yepes...
Love, flame, words: poetry,
time abolished... Say if it was worth
the suffering for this...)

The celebrated
author with his cigar fresh from success,
the producer's playmate
overseeing her nylon modesty,
cheeks that draw near
femininely: "My *rouge*
stains, precious..." (Love stains
when on our lips love abstains.)

(John of the Cross, tell me if it was worth
the suffering to endure fire and darkness,
to drink in the dregs of grief,
to beat your flesh against the anvil, Juan
de Yepes, for this... Vagabond
for love and orphan of love...)

ESTATUA MUTILADA

Mujer de un funcionario romano,
recorriste la tierra
—sombra suya— de Gades a Palmira.
Soles distintos te doraron,
maduraron tu piel, fueron dejando
seco tu corazón.

Cómo sería tu cabeza, tu mano,
lo que fue carne tibia, vestidura del alma
y luego piedra silenciosa...
Ahora la mano ya no está en la piedra.
Y la cabeza fue limada, desfigurada y corroída
por el agua que la albergó durante siglos.
¿Cómo serías? Imagino que el escultor,
sumiso a los clientes, las rutinas,
los tópicos vigentes en la Roma de los Césares,
copió de ti la apariencia banal.
¿Serías verdaderamente
—no quedan rasgos que dejen comprobarlo—
matrona dura que mandaba sus hijos a la guerra,
que prefería muertos valerosos,
soledad y desolación,
antes que amor, calor y compañía de cobardes?
¿O tu rostro impasible
revelaría otra verdad?

MUTILATED STATUE

Wife of a Roman official,
you traversed the land
—his shadow—from Gades to Palmira.
Different suns gilded you,
aged your skin, slowly leaving
your heart dry.

What did your head, your hand, look like,
what was once warm flesh, vestment for the soul
and then silent stone...
Now your hand is no longer in the stone.
And your head was smoothed, disfigured, eaten away
by the water that sheltered it for centuries.
What did you look like? I imagine that the sculptor,
submissive to the clients, the customs,
the themes in vogue in the Rome of the Caesars,
copied your superficial appearance.
Were you really
—not a trace remains that might confirm it—
a harsh matron who sent her sons to war,
who preferred courageous dead men,
solitude and desolation,
rather than the love, warmth and company of cowards?
Or might your impassive face
reveal another truth?

Ahora no tienes ojos,
ni siquiera de piedra,
para que en ellos se refleje y cante el mar,
el mismo que rompía en tus ojos humanos
y te vestía de llamas azules.
(A la orilla del mar ocurriría aquel amor.)

Un legionario, un soñador, un triste,
a la orilla del mar... Y le decías:
«Ráptame, llévame contigo, da a mi vida
sentido y esperanza, olvido y horizonte,
dale vida a mi vida». (Él fingiría indiferencia
cuando subías con ofrendas al templo.
Y te abrazaba, enloquecía, te daba vida y muerte
cuando estabas con él a solas.)
El día que marchaste, dócil al lado de tu esposo,
a otro sol y otra tierra del Imperio,
lloró desconsolado el que era fuerza tuya.
Te hizo un collar de lágrimas
el que bebió tus lágrimas.
(Esto debió de suceder en la Imperial Tarraco.)

Ahora no tienes ojos,
ni siquiera de piedra.
El mar y el tiempo los borraron.
(Dentro del mar se pudriría aquel amor.)

Now you have no eyes,
not even of stone,
so that in them the sea might be reflected and sing,
the same one that broke over your human eyes
and clothed you in blue flames.
(That affair must have occurred by the edge of the sea.)

A legionary, a dreamer, a wretch
by the edge of the sea... And you told him:
"Ravish me, take me with you, give my life
meaning and hope, oblivion and horizon,
give life to my life..." (He probably feigned indifference
when you took offerings up to the temple.
And he held you tight, drove you mad, gave you life and death
when you were alone with him.)
The day that you left, docile at your husband's side,
to another sun and another land in the Empire,
he who was your strength wept disconsolately.
He who drank in your tears
made you a necklace of tears.
(This must have happened in Imperial Tarrasco.)

Now you have no eyes,
not even of stone.
The sea and time erased them.
(Within the sea that love must have rotted away.)

Sólo te queda la impasibilidad con que te imaginaron
para edificación y pasmo de los hombres.

Jamás podrá la piedra
albergar un soplo de vida.
Y entonces, dónde ha ido tanta vida,
dónde está tanta vida que la piedra no puede contener,
no puede imaginar y transmitir.
Tanta vida que fue la salvadora
del olvido y la nada, ¿habrá muerto contigo?
Cómo puede morir lo que fue vida.
Quién puede asesinar la vida.
Quién puede congelar en estatua una vida.

Qué hay en común entre este bulto
—pliegues rígidos y elegantes,
rostro esfumado, manos mutiladas—
y aquella estatua de ola tibia,
aquel pequeño sol poniente,
aquel viento de carne pálida,
aquella arena palpitante,
aquel prodigio de rumores:
lo que tú fuiste un día,
lo que eres para siempre en un punto del tiempo y del espacio,
en el que escarbo inútilmente
con el afán de un perro hambriento.

All that's left of you is the impassiveness with which they created you for the edification and fear of men.

Stone can never
shelter a breath of life.
And then, where has so much life gone,
where is all that life that stone cannot contain,
cannot imagine and communicate.
So much life that was your savior
from oblivion and nothingness, could it have died with you?
How can death take what once was life.
Who can murder life.
Who can turn to stone a life.

What is there in common between this bust
—folds rigid and elegant,
face expunged, hands mutilated—
and that statue of warm waves,
that little setting sun,
that wind of pale flesh,
that trembling sand,
that miracle of sounds:
what you were one day,
what you are forever in a point of time and of space,
in which I dig helplessly
with the desperation of a hungry dog.

AL CAPITÁN BAROJA EN OTOÑO

El oleaje de hojas secas cruje
sus espumas contra tu barco.
Baroja, frente gris, capitán, ¿marchas
a donde esperan tus esclavos?

Nubes te empujan. ¿Oyes cómo gritan,
prisioneros en su peñasco?
Nacieron para el vuelo libre. Tú
los despeñaste de sus astros.

Les arrancaste la esperanza. Y ellos
vivieron desesperanzados.
Dios suyo, los creaste y le negaste
a su garganta viva el canto.

Quizá no fueron creaciones tuyas,
sueños de ti, barro en tus manos,
sino sombras errantes que pasaban
desvaneciéndose a su paso.

Entonces, capitán Baroja, frente
de nubes, oso solitario,
¿por qué no los seguiste al puerto, donde
hallan las almas su descanso?

TO CAPTAIN BAROJA IN AUTUMN

The surf with its dry leaves rustles
against your boat with its waves.
Baroja, grey forehead, captain, are you going
where your slaves await?

Clouds drive you on. Do you hear how they cry,
prisoners on their rock?
They were born for free flight. You
cast them down from their stars.

You stripped away their hope. And they
lived a life distraught.
Their god, you created them and denied
their living throats their song.

Perhaps they weren't creations of yours,
dreams of yours, in your hands clay,
but wandering shadows that passed by,
disappearing along the way.

Then, Captain Baroja, forehead
in the clouds, solitary bear,
why didn't you follow them to the port,
their souls might find rest there?

* * *

El oleaje de hojas secas cruje
sus espumas contra tu barco.
Velas nubes te empujan, capitán,
por tu océano castellano.

Llamas de sombra se levantan. Quieren
dar fe de vida. Condenados
fueron tus hijos al nacerlos. Gimen,
se rebelan contra su amo.

Con una gota de piedad, manada
de ellos, serías perdonado
por ellos. Una lágrima tan sólo
de tus hijos que no soñaron.

Imploras a sus ojos. Mari-Beltza,
hija menor, ¿qué estás pensando,
a la puerta del negro caserío,
mientras miras el cielo pálido?

* * *

The surf with dry leaves rustles
its foam against your ship.
Sail clouds push you, captain,
on your Castilian ocean trip.

Shadowy flames arise. They want
to attest to their lives. Once born,
your children were condemned. They groan,
they rebel against their lord.

With one drop of pity, flowing out
from them, you would be redeemed
by them. Only one single tear
from your children who never dreamed.

You beseech their eyes. Mari-Beltza,
youngest daughter, what is on your mind,
at the door of the dark family home,
while you look out at the pallid sky?

EL NIÑO DE LA JAULA VACÍA

Con tus manos hiciste libres
—con tus propias manos— las aves.
Hijo: qué sueñas, sombra, símbolo
del hombre que rompe sus cárceles,

del que libera pensamientos,
palabras que se lleva el aire;
del que dio canto y dio consuelo
y no halló quien lo consolase.

Solitario, mudo, ceñidas
las sienes de hojas otoñales.
En la boca reseca el gusto
de la sal de todos los mares.

La sal que dejaron las olas
de los días al derrumbarse.

THE BOY BESIDE THE EMPTY CAGE

With your hands you set free
—with your own hands—the birds.
Son: what do you dream of, shadow, symbol
for the man who breaks his bonds,

for the one who frees his thoughts,
words carried off by the wind;
for the one who sang and consoled
and found no one to take him in.

Solitary, quiet, temples
girded with autumn leaves.
In his parched mouth
the salty taste of all the seas.

The salt left daily by the waves
as they tumbled down and away.

LA FUENTE DE CARMEN AMAYA

A César González Ruano, restituyéndole lo
que tomé de uno de sus magistrales artículos.

No el mar, sino esta fuente junto al mar.
Y la ciudad, detrás. (Qué importa la ciudad.
La ciudad era tiempo: primero, Roma y sus murallas,
y sucesivamente, peces de barras rojas en el lomo,
rejerías y ojivas, el poderío de las naves
de la Corona de Aragón.
Más tarde, un diálogo de humos.)

La ciudad era un diálogo de aguas
—la fuente, el mar—; la vida, un diálogo de aguas,
una chiquillería desnudita y morena.
Y un griterío, un amontonamiento
en aquel aire cálido.
Y olor a hogueras, que no tienen tiempo.
Siempre a espaldas del tiempo.
Y nada más que ojos oscuros
para mirar, mirar, mirar...
Esto ocurría en lo que llaman,
los que no son de nuestra raza, pasado.

De noche me acercaba a las olas.
Las olas no ocultaban ruiseñores
como el agua del cántaro que yo apoyaba en la cadera.

CARMEN AMAYA'S FOUNTAIN

To César González Ruano, making restitution to him
for what I took from one of his masterful articles.

Not the sea, but this fountain beside the sea.
And the city, behind. (What does the city matter.
The city was time: first, Rome and her walls
and, successively, fish with red stripes on their sides,
ironwork and ogives, the might of the ships
of the Crown of Aragon.
Later, a dialogue of smoke.)

The city was a dialogue of waters
—the fountain, the sea—; life, a dialogue of waters,
noisy children, naked and brown.
And an uproar, an accumulation
in that warm air.
And the smell of hearthfires, that have no time.
Always with their backs turned to time.
And nothing more than dark eyes
for looking, looking, looking...
This happened in what they call,
those who are not of our race, past.

At night, I walked up to the waves.
The waves didn't hide nightingales
like the water in the water jug that I rested on my hip.

De noche, entre las olas, de cara al tiempo congelado,
sonaba el mar a hojas de otoño, pisoteadas por los pájaros.
Ceñía mis tobillos de diamantes.
Allí era el reino del vaivén, del ritmo,
de lo eterno acunando. El mar tampoco,
como si fuera de mi raza, se encadenaba al tiempo.

Sonaba en mis oídos el ruiseñor del agua de la fuente,
oía los rumores del mundo.
Mi sangre era el mar mismo.
Me contagiaba de su movimiento.
Me enseñaban sus olas a no morir jamás.
Lo sin tiempo es la muerte. Y aquello, el ritmo,
el tiempo vivo, pero detenido; algo que no conoce
ni principio ni fin, que no parte ni llega.
Era el mar y la fuente junto al mar.
Y entre los dos estaba yo.

Igual que ahora. Nuevamente unidos.
Cuántos racimos de años habrá exprimido el mar.
Por cuántos sitios —horas y lugares, qué sé yo—,
lo que dicen países, he llevado el centelleo de la espuma,
el oleaje de la llama...
Es posible que yo parezca diferente.

También quizás la fuente parezca diferente a los demás.
Yo no lo sé. Juntos estamos el mar, la fuente, yo.
Vinieron las autoridades,

At night, within the waves, facing frozen time,
the sea sounded like autumn leaves stepped on by the birds.
It encircled my ankles with diamonds.
There, all was swaying, rhythm,
eternity gently rocking. Nor was the sea,
as if it were of my race, chained to time.

The nightingale in the fountain's waters sang in my ears,
I heard the world's murmuring.
My blood was the sea itself.
I was caught up in its movement.
Its waves taught me how to never die.
All that's timeless is death. And that other, rhythm,
living time, but stopped; something that knows
neither beginning nor end, that neither departs nor arrives.
It was the sea and the fountain beside the sea.
And between the two was me.

The same as now. Newly united.
How many bunches of years can the sea have pressed.
Through how many places—hours and towns, what do I know—,
what they call countries, have I carried the sparkle in the foam,
the wave in the flame...
It's possible that I may seem different.

Also, maybe the fountain may seem different to the others.
I don't know. We're together, the sea, the fountain, me.
The authorities came,

artistas, periodistas, gentes que leen mi nombre en los periódicos.
Me dijeron que era mía la fuente
(cómo podían darme lo que era mío, mi vida, el mar, las nubes).
No pudieron matar mi vida, restituirme al tiempo,
cuando hablaban y hablaban del ayer, la gitana
de Somorrostro, y otra vez aquello del arte y de la gloria,
y más palabras sin sentido
que siguen pronunciando mientras me acerco hasta mi fuente,
y adorno mis muñecas con sus helados brazaletes,
y humedezco mis sienes, mezclo sus aguas con mis lágrimas.
Porque ahora pienso que he olvidado el cántaro,
y la tarde se queda sin ruiseñor que la ilumine,
y tengo miedo de volver sin agua,
y yo no sé dónde está el cántaro
y mi madre me va a reñir
porque a ver cómo vamos a guisar,
a lavar la ropita de los niños...
Y yo no sé qué le diré para que pueda comprenderlo.

artists, reporters, people who read my name in the papers.
They told me that the fountain was mine
(how could they give me what was mine, my life, the sea, the clouds).
They couldn't kill my life, restore me to time,
when they went on and on about yesterday, the gypsy
from Somorrostro, and once again all that about art and about glory,
and more words without meaning
that they keep on pronouncing while I walk up to my fountain,
and adorn my wrists with its icy bracelets,
and moisten my temples, mix its waters with my tears.
Because now I'm thinking that I've forgotten my water jug,
and the afternoon is left without a nightingale to illuminate it,
and I'm afraid to go back without water,
and I don't know where the water jug is,
and my mother is going to scold me
because just how are we going to cook,
to wash the childrens' baby clothes...
And I don't know what I'll tell her so that she can understand.

EL ENCUENTRO

A Rafael Alberti

Diré un día: bienvenido
a la casa. Ésta es tu lumbre.
Bebe en tu copa tu vino,
mira el cielo, parte el pan.
Cuánto has tardado. Anduviste
bajo las constelaciones
del Sur, navegaste ríos
de son diferente. Cuánto
duró tu viaje. Te noto
cansado. No me preguntes.
Da de comer a tus perros,
oye la canción del álamo.
No me preguntes por nada,
no me preguntes.

Si hablase,
llorarías. Si enfrentases
tus espectros al espejo,
seguro que no verías
imágenes reflejadas.
Lo vivo lejano ha muerto:
lo mató el tiempo. Tú sólo

THE ENCOUNTER

To Rafael Alberti

One day, I'll say: welcome
home. This is your fire.
Drink your wine in your glass,
look at the sky, break bread.
You've taken so long. You walked
beneath the constellations
of the South, traveled rivers
with different sounds. Your trip
lasted so long. I can tell
you're tired. Don't ask me.
Give your dogs something to eat,
hear the song of the poplars.
Don't ask me anything,
don't ask me.

If I spoke,
you would weep. If you faced
your ghosts in the mirror,
you surely wouldn't see
images reflected.
The distant present has died:
time killed it. Only you

puedes enterrarlo. Dale
tierra mañana, después
de descansar. Bienvenido
a tu casa. No preguntes
nada. Mañana hablaremos.

can bury it. Put it
in the ground tomorrow
after resting. Welcome
to your house. Don't ask
anything. Tomorrow we'll talk.

CESTILLO DE FLORES

A J. R. J. y Z. C. A.

I

Juncos flexibles, con frescor
de los ríos de España (¡ay, ríos
españoles, si él os pasase!),
arrancados al amarillo
deslizamiento del poniente.
Con canto, y paz, y amor tejidos.
Y las flores. Lo acunarían
sus colores y sus sonidos:
la madreselva, la amapola,
el jazmín, la magnolia, el lirio,
la adelfa, el clavel, la verbena,
el jaramago... Y el espíritu
de la belleza, la columna
de serenidad, el latido
de mayo, forma del aroma:
la rosa.

II

Al borde de los siglos
late el recuerdo. Por lo eterno

LITTLE BASKET OF FLOWERS

To J. R. J and Z. C. A.

I

Flexible reeds, with the freshness
of Spain's rivers (oh, Spanish
rivers, if he should pass you by!),
plucked from the sunset's
yellow flight.
Woven with song and love and peace.
And the flowers. Their colors
and their sounds would rock him to sleep:
the honeysuckle, the poppy,
the jasmine, the magnolia, the lily,
the oleander, the carnation, the verbena,
the wall rocket... And beauty's
spirit, serenity's
column, May's
heartbeat, aroma's form:
the rose.

II

At the edge of the centuries
lives memory. The moment shines

luce el instante su sol niño.
El mediodía de palmeras
enciende azules infinitos.
Sobre las islas y los mares
las nubes ordenan sus mitos.
Hasta ti llevarán las flores
sus acumulados prodigios,
pulsarán guitarras de tierras
con castillos y con racimos.
Será rozar —tiene que ser
así— con sus dedos el símbolo
de muchos días y aguas, donde
la nostalgia esconde su nido.

III

Pero ya tu presente no es
sobrevolar el tiempo en giros
paulatinamente más lentos,
más melancólicos y altivos.
Estas flores no son el ramo
de tus bodas con el olvido,
sino corona, puente que une
tiempos muertos y tiempos vivos.
(El tiempo muerto con el cántico,
como el vivo, con el suspiro.)

its little boy sun through an eternity.
The palm trees at noon
set fire to blue infinities.
Over the islands and the seas
the clouds arrange their mythologies.
Flowers will bring to you
their accumulated prodigies,
guitars will ring out from lands
with castles and with clusters of greenery.
It's as if to caress the symbol
with their fingers—it has to be—
of many days and rains, where
nostalgia hides its nesting place.

III

But the present for you is no longer
for flying in circles above time,
ever more slowly,
more melancholy and filled with pride.
These flowers are not the bouquet
from your wedding with the darkest night,
but a crown, a bridge that joins
dead times and times alive.
(The dead time with our song,
as the living with our sighs.)

IV

Juncos y flores con aroma
de las tierras y de los ríos
españoles, ¿os sentirá
sobre la tierra que fecunda
su cansancio definitivo?

IV

Reeds and flowers with an aroma
from the lands and the rivers
of Spain, will he sense your presence
over the land that brings to life
his definitive resting place?

EL HÉROE

Oí latir el corazón del mar
unido al de otras músicas —el vals, la polka, el tango,
el chárleston, el pasodoble, la rumba, el twist, el mádison—,
lo eterno y lo que pasa, mano a mano.
La vida. El mar. Y las ciudades: hermosa Viena,
desasosegadora Nueva York,
pasando por París y por Madrid.
Músicas muertas en los tocadiscos
de los muchachos, como antaño en pianolas y organillos.
Música viva, como un mar que transcurre, para los soñadores
—Bach, Schumann, Brahms o Debussy—;
señales de otras músicas futuras de otras vidas,
de otros tiempos —Boulez, Berio, Stockhausen, Luis de Pablo—,
viejos probablemente cuando leáis estas palabras
viejas también, que ahora arrojo al olvido.

Entonces lo vi allí, al héroe, indiferente,
con su uniforme de guardarropía,
anacrónico. El pecho cubierto de medallas y de nobles cintajos,
maravillas de seda y cobre.
Vi al héroe, descansando sobre el banco de piedra.

Los jóvenes que pasan, navegan por la música.
Otros, ya con arrugas, oyen el canto de las olas.

THE HERO

I heard the sea's heart beating
united to that of other songs—the waltz, the polka, the tango,
the Charleston, the paso doble, the rumba, the twist, the Madison—,
the eternal and what goes on, hand in hand.
Life. The sea. And the cities: beautiful Vienna,
restless New York,
passing through Paris and through Madrid.
Songs long gone on the record players
of the young, as of old on pianolas and hand organs.
Living music, like a sea that passes by, for the dreamers
—Bach, Schumann, Brahms or Debussy—;
traces of other future songs from other lives,
from other times—Boulez, Berio, Stockhausen, Luis de Pablo—,
old probably when you read these words
old too, that I now cast into oblivion.

Then I saw him there, the hero, indifferent,
with his theatrical uniform,
anachronistic. His chest covered with medals and tacky noble ribbons,
marvels of silk and copper.
I saw the hero, resting on the stone bench.

The young that pass by, travel along the music.
Others, already wrinkled, hear the song of the waves.

Yo sólo, aquí, entre ellos, el más viejo de todos,
oigo música y mar al mismo tiempo. Es la armonía
de quien nació y ha muerto muchas veces.
No es frecuente que sea así, pero sucede, como ahora:
de súbito se encienden mar y música;
estallan tiempo, espacio, fuera y dentro;
giran deslumbradores vida de ayer y sangre fresca:
es como un huracán irresistible.

Es como un fuego. Yo iba andando
con la felicidad de adentro
y la felicidad de afuera,
suma de aquella humanidad entre la que pasaba.
Y vi al hombre: «Qué harás aquí —me dije—,
descorazonadora criatura,
carcomiendo la plenitud. Qué se habrá muerto
dentro de ti».

Y yo, que oía
todos los sones, sólo oí el silencio, su silencio,
el silencio del héroe,
sordo al mar, a la música, a sus recuerdos y proyectos.

Nueve décimas partes de su vida
debieron de pasar sin acercarse al mar,
sin sospechar siquiera qué paciencia salada,

Only I, here, among them, the oldest of all,
hear music and sea at the same time. It's the harmony
of one who was born and has died many times.
It's not frequently like this, but it happens, like now:
suddenly, sea and music come alive;
time, space, break loose, from without and within;
yesterday's life and fresh blood whirl bedazzled:
it's like an irresistible hurricane.

It's like a fire. I was walking along
with happiness on the inside
and happiness on the outside,
sum of that humanity among which I was passing.
And I saw the man: "What can you be doing here—I said to myself—,
heartless creature,
undermining this abundance. What must have died
within you."

And I, who heard
every sound, only heard the silence, his silence,
the silence of the hero,
deaf to the sea, to the music, to his memories and plans.

Nine-tenths of his life
must have gone by without being near the sea,
without even suspecting what salty patience,

qué artesanía de olas y de días
son necesarias para producirse
el prodigio de un árbol de coral,
la fantasía helicoidal de un caracol.
Era un héroe deshabitado, sin corona de roble
que le ciña de días goloriosos.

Despojad un instante a esta palabra
—*héroe*— de tantas adherencias literarias. Borrad
las iconografías consabidas:
Grecia y piedra rosada, cara al mar,
héroes ecuestres del Renacimiento...
Era otra cosa el hombre que yo vi.
Nació en alguna aldea del interior de España.
La piel endurecida, impasibles los ojos
que nada vieron nunca si no fue la llanura
circundada de encinas, donde nació y vivió.

(Donde vivió esperando
su tren de muerte, como yo ahora espero,
mientras nerviosamente escribo estos recuerdos,
al tren que ha de llegar a Medina del Campo
casi al amanecer. Estos sucesos
ocurrieron lejos de aquí, y en mí vivían
solicitando forma, para no ser pura nostalgia.
Sólo esta noche pude hallarles la palabra.)

what craft of waves and days
is necessary to produce
the miracle of a coral tree,
the helicoidal fantasy of a snail's shell.
He was an abandoned hero, without an oaken crown
that might encircle him with glorious days.

Divest for a moment this word
—*hero*—of so many literary allusions. Erase
the well-known iconographies:
Greece and rose-colored stone, facing the sea,
equestrian statues from the Renaissance...
The man that I saw was something else.
He was born in some village from the interior of Spain.
His skin toughened, impassive eyes
that never saw anything unless it was the plains
surrounded by oak trees where he was born and lived.

(Where he lived waiting for
his death train, as I now wait,
while I write down these memories nervously,
for the train that is to arrive in Medina del Campo
almost at dawn. These events
took place far from here, and they were living in me
soliciting form, so as not to become pure nostalgia.
Only tonight did I succeed in finding words for them.)

Allí vivió veinte años. Un día, le hizo hombre
la guerra: le dio fe, lejanías y llamas.
Llegó hasta el mar; el mar le hizo sentirse libre;
mojó en el mar su cuerpo,
conquistó tierras, hizo prisioneros,
bebió vino de muerte, sintió tristeza y sintió ira;
tal vez fuera marcado por la metralla. Estuvo vivo
como nunca lo estuvo ni volvería a estarlo.
Dio razón y entusiasmo a su vida:
se la jugó con alegría a una carta tapada.
Luego, volvió a su pueblo a ensartar días y cosechas,
a dorar con melancolías
su estatua coronada de olas.

Y he aquí que al cabo de los años
llega otra vez junto al mar luminoso.
Donde dejó entusiasmo, vida y fe,
ha encontrado el silencio,
el mismo de las eras de su aldea,
mas ya sin esperanza.
Ha desfilado entre banderas, entre cánticos;
resucitaron las palabras en la garganta joven;
ha bebido el vino de antaño
y paseado su embriaguez gloriosa.
Desde las doce a la una y media
ha durado el desfile de estos supervivientes,

He lived there for twenty years. One day, the war
made a man of him: gave him faith, distance and flames.
He arrived at the sea; the sea made him feel free;
he wet his body in the sea,
conquered lands, took prisoners,
drank death's wine, felt sadness and felt rage;
maybe he was stung by shrapnel. He was alive
like he never had been nor would be again.
It gave reason and enthusiasm to his life:
he gambled it all joyfully with one card covered.
Later, he returned to his village to string out days and harvests,
to gild with melancholy moments
his statue crowned with waves.

And lo and behold, at the end of his years,
he arrives once again beside the luminous sea.
Where he left enthusiasm, life and faith,
he has found silence,
the same as the fields of his village,
but now without hope.
He has marched among flags, among chants;
the words resuscitated in the young throats;
he has drunk the wine of old
and trotted out his glorious drunkenness.
From twelve to one-thirty,
the parade of these survivors has lasted,

nostálgicos representantes
de un drama, escrito hace quién sabe cuántos años.
Después de la comida y los discursos
cayó el telón. Y oyó el silencio de los espectadores.

Y el silencio del mar. Y el de su vida.
Dijeron: «A las nueve al autobús;
hay que llegar temprano a casa».
Oyó el silencio de su vida.
Desconocido entre desconocidos,
anduvo por las calles, sin rumbo. Se sentó
enfrente de las olas. Volvió el naipe
y no había figura pintada en él. Y oyó el silencio.

¿Comprendéis? El nordeste cesa al atardecer.
Y ni siquiera hace temblar la ropa de este hombre.
No le deja en la mano el aroma del arma
con que mató a la muerte hace ya tiempo.
Van los muchachos por su lado, destruyen
la muerte con la música, como ayer con la pólvora.
Destruyen con la música la vida.
Con la música crean un inmenso silencio.

nostalgic actors
in a drama written who knows how many years ago.
After the meal and the speeches
the curtain fell. And he heard the silence of the spectators.

And the silence of the sea. And that of his life.
They said: "To the bus at nine;
you have to arrive home early."
He heard the silence of his life.
An unknown among unknowns,
he walked through the streets aimlessly. He sat down
in front of the waves. He flipped the card,
and there wasn't a face painted on it. And he heard the silence.

Do you understand? The northeaster stops at nightfall.
And it doesn't even make this man's clothing tremble.
It doesn't leave on his hands the smell of the weapon
with which he killed death so long ago.
The young go by his side, they destroy
death with their music, like yesterday with gunpowder.
They destroy life with their music.
With their music they create an immense silence.

UN ES CANSADO

Mas ¿cómo perseveras,
oh vida, no viviendo donde vives...?

San Juan de la Cruz

A TIRED IS

But how do you persevere,
oh life, not living where you live...?

Saint John of the Cross

CARRETERA

Volví, volvía —con qué poca ilusión—
a donde tuve mis raíces, mis recuerdos, mi casa
frente al mar, y los árboles
plantados por mis manos, pisoteados por los niños,
comidos por los animales.
Mi casa junto al mar, más solariega
que otras, la que fue más hermosa que todas.
Con qué poca ilusión volvía.

Cárdenas tierras húmedas y soleadas, trigos
color de aquellos ojos, pincelada morada
sobre lo verde, allá en Vivar del Cid,
murallas de olmos negros, amapolas,
verdes sombríos por Entrambasmestas,
platas de la bahía, con qué poca ilusión
pasaba por vosotros.

Cómo se puede vaciar así
un corazón. Cómo se puede
llorar así, por dentro. Frustraciones o muertes,
nada me arrancó lágrimas desde aquellos aviones,
los que volaban sobre mí y arrasaban mi mundo
sin que arrojasen bombas, ni ametrallasen: sólo
con el ruido de sus motores,
demasiado terrible para mí entonces y ahora.

HIGHWAY

I returned, I was returning—with so little illusion—
to where I had my roots, my memories, my house
facing the sea, and the trees
planted by my hands, trampled by the children,
eaten by the animals.
My house beside the sea, more noble
than others, the one that was more beautiful than all.
With what little illusion was I returning.

Dark red earth, humid and sunny, wheat
the color of those eyes, a brush stroke of murrey
over the greenery, there in Vivar del Cid,
walls with black elm trees, poppies,
somber greens along Entrambasmestas,
silvers from the bay, with what little illusion
I passed you by.

How can one unburden
a heart this way. How can one
weep like this, from within. Frustrations or deaths,
nothing has wrenched tears from me since those planes,
the ones that flew over me and laid waste to my world
without dropping bombs, or firing machine guns: only
with the sound of their motors,
much too terrible for me then and now.

Qué quedó de mi vida entre sus alas.
Qué en la música oída en la noche,
la que vestía nuestra desnudez
mientras caía el agua cálida, qué gozo, el agua...
Qué se hundió por aquellas escaleras
precipitadas en la noche.
Qué congeló la luna que iluminaba las fachadas.
Qué llevó la marea en la playa de octubre.

Cómo es posible edificar,
reconstruir con tantos materiales
disueltos en el tiempo,
gastados por la lluvia que no vimos caer...

Volví, volvía como ahogado
bajo un montón de escombros
que fueron mi edificio, mi alcázar,
sin una sola lágrima —para qué— que llorar,
apoyado en el llanto de otros días,
como si sólo con lágrimas de entonces
pudiese liberarse este dolor presente
que ya no encuentra llanto.

What was left of my life between their wings.
What in the music heard in the night,
that which clothed our nakedness
while warm water was falling, what joy, the water...
What vanished down those stairs
rushing into the night.
What did the moon freeze that illuminated the facades.
What did the tide carry off on the October beach.

How is it possible to build,
reconstruct with so many materials
dissolved in time,
worn away by the rain that we didn't see fall...

I returned, I was returning like one suffocating
beneath a pile of rubble
that was once my edifice, my alcazar,
without a single tear—what for—to cry,
sustained by the weeping of other days,
as if only with tears from long ago
could I free myself from this present sorrow
that no longer finds its weeping.

EL RESCATE IMPOSIBLE

I

Invierno vestía de plata
las lejanías. Primavera
pulsaba sus verdes. Estío
bruñía la espada sangrienta.
Otoño desencadenaba
los torrentes de su tristeza.

Y él está siempre allí. Miraba
lo imposible. (Han pasado cerca
de veinte años.) Y él está
ensimismado, ante la puerta
infranqueable.

Estío funde
su estatua de ola, viento, piedra.
Y él está allí. Desnuda otoño
su torso pálido de estrellas.
Invierno oculta con su máscara
la desolada calavera.
Y él está allí. Sigue allí, bajo
la invención de la primavera.

THE IMPOSSIBLE RESCUE

I

Winter dressed in silver
the distances. Spring
strummed its greens. Summer
burnished its bloody steel.
Autumn unchained
its sadness in streams.

And he is always there. He witnessed
the impossible. (Nearly twenty years
have passed.) And he remains
lost before a door in dreams,
impenetrable.

Summer casts
his statue in waves, stone, wind.
And there he stays. Autumn strips
his torso pale with stars.
Winter cloaks with its mask
his skull, devastated by grief.
And there he stays. Continues there,
awaiting spring's discovery.

Desde allí mira no sé adónde,
caída la clara cabeza.

Quiero arrancarlo de su éxtasis
para reintegrarlo a la rueda
temporal, para darle vida.
(Olvidé que han pasado cerca
de veinte años. Olvidé
que ya no es clara su cabeza,
que ya no puede ser posible
que me escuche y que me comprenda.)

II

EJEMPLOS

(Ya no es posible: lo que ha sido
un instante, es estatua eterna.
Todo es presente: aun el recuerdo.
Todo dura, aunque no se vea.
Está detrás de nuestros ojos.
Detrás de nuestro aliento, alienta.
¿Quién rescata y borra una lágrima?
¿Qué sonrisa tiene esta fuerza?

From there, he looks I don't know where,
crestfallen, a head so clear.

I want to wrest him from his ecstasy,
to reinstate him in the temporal wheel,
in order to give him back his life.
(I forgot that nearly twenty years
have passed. I forgot
that his head is no longer clear,
that it is no longer possible
for him to understand me or to hear.)

II

EXAMPLES

(It's no longer possible: what has been
an instant is a statue in eternity.
Everything—even memory—is present.
Everything endures, although it isn't seen.
It lies behind the eyes of all of us.
Behind our breath, it breathes.
Who may rescue and wipe away a tear?
What smile possesses that ability?

La estrella extinguida hace siglos
aún vive en la luz que nos llega.
Visteis abetos en la nieve:
hoy palmeras sobre la arena.
No creáis que se transformaron
los abetos en las palmeras:
todos tienen su lugar justo,
dispuesta tienen su presencia
para los ojos de los seres
que se acercan y los contemplan.)

III

A los ojos..., al pensamiento...,
¡qué más da!... Han pasado cerca
de veinte años... No se puede
cantar al niño que se era,
acunar con mano arrugada
el cuerpecillo de piel fresca,
hacerlo feliz con estío,
soñador con la primavera,
sonoro y grave con otoño,
hondo en invierno... ¡Ojalá fuera
posible borrarlo del tiempo,
quemar su memoria y su huella!...

The star extinguished centuries ago
still lives in the light that reaches us.
You saw fir trees in the snow:
today, palm trees on the sand.
Don't believe that they transformed
the fir trees into palms:
they all have a place just so,
their presence is arranged
for the eyes of those
that draw near and contemplate.)

III

In our eyes…, in our minds…,
it's all the same!… Nearly twenty years
have passed… One cannot
sing to the child that used to be,
rock with wrinkled hands
the little body with its fresh skin,
make it happy in summer,
dreamy in the spring,
resonant and solemn in autumn,
profound in winter… If it could only be
possible to erase him from time,
to burn his every trace and memory!…

Allí, y así, seguirá siempre,
ensimismado y triste, cerca
del sueño, lejos de la vida,
anclada su nave de nieblas.
¿Era a ti mismo a quien mirabas?
¿Te veías como aún no eras,
como serías, como soy,
criatura mía materna?

There and thus, he will go on always,
lost in thought and forlorn, near
his dream, far away from his life,
his mist-covered ship anchored at sea.
Was it you that you were looking at?
Did you see yourself as you still weren't to be,
as you might have been, as I still am,
oh child of mine in maternity?

ALUCINACIÓN EN AMÉRICA

I

No son espigas rumorosas
sobre el verde ondulado, sobre el murmullo y el jadeo
y el chasquido: es un rumor
que me empapa la vida. (Me encontré.
Duró lo que un relámpago. Volví a desconocerme.)
No era, sobre mi piel, trigo de espiga de agua,
sino cosecha de astros, luz hecha añicos húmedos
lo que me torna luminoso e irreal.
Traspuse una frontera y sucedía algo
imposible de comprender.
Y fue como si el humo de la tristeza me empapara
el futuro desconocido.
Me resistía a hallarle nombre a aquello
que ocurriría fatalmente.
Quise cegarme, aniquilarme
en aquel ritmo libre y poderoso,
en el vaivén del mar, en el presente
salado, el movimiento incansable que borra
fechas, lugares, decepciones, afanes, miedos.
Y aquello que era mar, lo vi camino.
Lo vi camino hacia el futuro. Lo vi miedo.
Lo vi soga de espuma que rodeaba mi garganta.

HALLUCINATION IN AMERICA

I

They are not wheat tassels rustling
over the undulating green, over the murmuring and the panting
and the crackling: it's a sound
that permeates my life. (I found myself.
It lasted just a lightning flash. I didn't know myself again.)
It was not, over my skin, a watery wheat tassel,
but a harvest of stars, light made wet shards
that turns me luminous and unreal.
I crossed a border and something happened
impossible to understand.
It was as if the smoke of sadness had permeated
my unknown future.
I resisted finding a name for that
which would occur fatefully.
I tried to blind myself, annihilate myself
in that free and powerful rhythm,
in the surge of the sea, in the salty
present, the tireless movement that wipes out
dates, places, disappointments, struggles, fears.
And that which was sea, I saw a road.
I saw a road toward the future. I saw fear.
I saw a rope of foam that surrounded my throat.

II

Ahora me dejo levantar, hundir.
Soy como un muerto anticipado sobre el agua.
Si alzo los ojos, veo nubes, veo rocas.
Desde el lado de acá del mar las veo
como si las guardara en la memoria
en el lado de allá, en el tiempo de allá.

Juegan mis hijos con las olas en la orilla
–¡aletead, chillad, gaviotas!–.
Están acá, en las olas de América.
Un día nos marchamos allá, a América.
Yo dejé en las orilllas de acá mi corazón,
mi corazón en las aguas de allá,
entre estas nubes y estas rocas que ahora veo,
que recuerdo, será mejor decir, perdidas para siempre.

Fui allá con la tristeza del que cierra
el cofre que guardaba lo mejor de su vida.
Cerré con mi fracaso la cerradura de oro.
Vine allá. Me besaba cada día las llagas de los pies,
las huellas de las piedras, de las espinas, los tizones.
Pude curarlas en América (la industria química
ha hecho progresos increíbles en la orilla de acá):
prefería besarlas cada día, lamerlas como un perro.

II

Now I let myself rise, fall.
I'm like a man dead before his time upon the water.
If I raise my eyes, I see clouds, I see rocks.
From this side of the sea I see them
as if I had kept them in my memory
on that side, in that time.

My children play in the waves on the shore
—flutter, screech, gulls!—.
They are here, in the waves of America.
One day we went there, to America.
On the shores over here, I left my heart,
my heart in the waters over there,
among these clouds and these rocks that I see now,
that I remember, it's probably best to say, lost forever.

I went there with the sadness of one who closes
the chest that kept the best of his life.
With my failure, I closed the gold lock.
I came there. Every day, I kissed the sores on my feet,
the marks left by stones, by thorns, by wheat bunt.
I could have cured them in America (the chemical industry
has made incredible advances on this shore):
I preferred to kiss them every day, lick them like a dog.

Me sabían a Córdoba, a Valencia, a Salamanca, a Barcelona,
a mar de Santander, a sierra de Madrid, a vino y fruta,
a polvo del camino, a trenes entre robles o entre pitas,
a catedrales y castillos, a tabernas y cárceles.

III

Es este mar de acá el que acuna mi cuerpo.
Porque allá —fue una extraña fidelidad— no entré en el mar.
Mis hijos me decían: «Bien hiciste
trayéndonos acá, dejando aquella tierra pobre...»
(¡Aquella tierra pobre, arrugada, sumisa,
soleada y primaveral, áspera y tierna,
aquella cal desconchada y sangrienta,
rica en óleo y en flores y en llanto, hermosa España!)
Han vivido unos años allá (demasiados)
los niños que ahora juegan en la olas.
Crecieron, trabajaron, decidieron el rumbo de sus vidas
estos niños que cantan en la orilla
sin sospechar lo que pasó, lo que habrá de pasar.
«Bien hiciste —dijeron— dejando aquella tierra mísera».
(Han vivido unos años sin sospechar que junto a ellos
hubo un pedazo casi mudo
de aquella tierra que dejaron en el lado de acá.)

They smacked of Córdoba, of Valencia, of Salamanca, of Barcelona,
of the sea of Santander, of the sierra of Madrid, of wine and fruit,
of dust on the road, of trains among oaks or among century plants,
of cathedrals and castles, of taverns and jails.

III

It's this sea over here that cradles my body.
Because over there—it was a strange fidelity—I didn't enter the sea.
My children said to me: "You did well
bringing us here, leaving that poor land..."
(That poor land, wrinkled, submissive,
sun-drenched and spring-like, harsh and tender,
that flaking, bloody limestone,
rich in holy oil and in flowers and in weeping, beautiful Spain!)
They have lived a few years over there (too many)
the children that now are playing in the waves.
They grew up, worked, decided on the course of their lives
these children that sing on the shore
without suspecting what happened, what will have to happen.
"You did well—they said—leaving that miserable land."
(They have lived a few years without suspecting that beside them
there was an almost mute piece
of that land they left on this side over here.)

IV

No son espigas rumorosas
las que me cantan. No son astros, sino polen del mar,
luz y rumor que borran toda música
fondeada en el tiempo; respiración que extingue
toda palabra pasada o futura
y nos convierte en llama eterna.

Este hervor cegador –¡bendito sea!– borra
una imagen que ocurre allá, en América:
la agonía de un hombre que pronuncia palabras
en un idioma incomprensible casi
para estos niños que lo velan allá,
estos que ahora aletean al sol de acá.

Bendito seas, mar. Detrás de tu muralla
deslumbradora no es posible oír
al doctor que pregunta, allá, *«what does he say?»*
Son estas mismas olas, es su rumor de vida y muerte
quienes impedirán que tú comprendas
estas palabras últimas. Y mi secreto habrá tornado
conmigo al centro oscuro de la tierra
que un día soportó su peso.

IV

They are not rustling wheat tassels
that sing to me. They are not stars, but pollen from the sea,
light and sound that wipe away all music
anchored in time; breathing that extinguishes
all words past or future
and converts us into an eternal flame.

This blinding ebullience—blessed be it!—wipes away
an image that occurs there, in America:
the death throes of a man who pronounces words
in a language almost incomprehensible
to these children that watch over him there,
these who now flutter about in the sun over here.

Blessed be you, sea. Behind your blinding
wall it is not possible to hear
the doctor who asks, over there, "*¿qué dice?*"
They are these very waves, it's their sound of life and death
who will keep you from understanding
these final words. And my secret will have returned
with me to the dark center of the earth
that one day supported its weight.

EL PASAPORTE

«Tienes estrellas en la frente»,
me hubieran dicho hace unos años gentes desconocidas,
rostros que no he de conocer jamás.
No sé por qué se me ha ocurrido
esto de las estrellas ni qué quiere decir.
(Habré de recordarlo mañana, cuando sea de día.)
Y otra idea que viene y va: es un símbolo,
más bien un argumento para un cuento vulgar.
Tiene que ver con un caballo de cartón y un niño.
(Cuando despierte de la fiebre, al terminar el viaje,
veré que es tema propio para un cuento
con fondo de sonajas, panderos y rabeles.
Un argumento que ya ha sido escrito
cientos de veces, enternecedor, vulgar,
folletinesco.) Un niño que soñaba
con un caballo que no tuvo.
Y cuando se hizo hombre lo compró
para vengarse de los años.
Ya imagináis lo que sucede
cuando intenta desenterrar
el niño antiguo. Veinte, treinta años,
tan gran retraso mata demasiadas cosas.
Ésta es la idea que me ronda; un cuento repetido
hasta la saciedad, efectista, ridículo,
un cuento lacrimoso propio de Navidad.

PASSPORT

"You have stars in your eyes,"
unknown people would have said to me years ago,
faces that I won't ever know.
I don't know why all this about the stars
has occurred to me, nor what it means.
(I'll have to remember it tomorrow, when it's daytime.)
And another idea that comes and goes: it's a symbol,
more like a theme for a common story.
It has to do with a cardboard horse and a boy.
(When I awake from the fever, at the end of the trip,
I'll see that it's a proper subject for a story
with a background of rattles, tambourines and rebecs.
A theme that has already been written
hundreds of times, touching, common,
pulp fiction.) A boy who dreamed
about a horse that he didn't have.
And when he became a man he bought it
to avenge himself of the years.
You can already imagine what happens
when he tries to unearth
the boy of old. Twenty, thirty years,
such a great setback kills too many things.
This is the idea that haunts me: a story repeated
ad nauseam, sensational, ridiculous,
a tear-jerker of a story just right for Christmas.

No sé por qué se me ha ocurrido
este estúpido ejemplo. (¿Y qué era aquello otro
de las estrellas en la frente?)
No me explico que pueda enternecerme
algo que en otras circunstancias
me hubiera hecho reír. Cuando sea de día
me excusaré conmigo mismo
—estaba solo en el departamento,
tiritaba de fiebre, era de noche,
el tren cruzaba lugares desconocidos...—
Me excusaré también por no haberme asomado
a acariciar verdores, cielos pálidos, ciudades, ríos.
(Diré que era de noche, que nada se veía fuera.
Y mentiré. Porque este viaje pude hacerlo
hoy, de día, sin fiebre, y hubiera sido igual.
O ayer, de noche, enfermo. Y, sin embargo,
hubiera adivinado lo escondido en lo oscuro.)

Debí aclarar que eso de las estrellas,
lo del caballo de cartón, la fiebre,
el paisaje invisible detrás de los cristales,
ocurría viajando hacia París.
Aclararé. Por vez primera salía de mi patria
con veinte años de retraso

I don't know why this stupid example
has occurred to me. (And what was that other one
about the stars in my eyes?)
I can't explain why something would move me
that in other circumstances
would have made me laugh. When it's daylight
I'll apologize to myself
—I was alone in the car,
I was shivering with fever, it was at night,
the train was crossing unknown places...—
I'll apologize also for not having looked out
to caress the greenery, pale skies, cities, rivers.
(I'll say that it was at night, that you couldn't see anything outside.
And I'll lie. Because I could make this trip
today, by day, without fever, and it would have been the same.
Or yesterday, at night, sick. And, nevertheless,
I would have sensed all that was hidden in the darkness.)

I ought to make clear that all that about the stars,
about the cardboard horse, the fever,
the invisible landscape beyond the windows,
occurred traveling toward Paris.
I'll be clear. For the first time, I was leaving my country
twenty years too late

sobre mis esperanzas. Miré mi pasaporte. En mi fotografía
una aureola de ceniza velaba el cráneo calvo.
(«Tienes estrellas en la frente, muchacho»,
me hubieran dicho entonces.)
El pasaporte era en mi mano
una orden de libertad
que llegó veinte años tarde.
Entonces, en su día, en mi día,
hubiera yo besado las piedras de París,
cantado bajo un cielo irrepetible,
quemado el aire con mi vida...

...Quemado el aire. Ya no es hora. Gracias
de todos modos. Has llegado tarde.
Sé bienvenido con mi fotografía,
datos y cifras personales,
mi profesión, mi edad, mis tantas cosas
olvidadas o desterradas.
Ahora ya da lo mismo Londres, París, Madrid.
Igual música llevan el Támesis, el Sena, el Manzanares...
Esta serenidad (o indiferencia: como queráis llamarlo)
dan los días. Incluso puedo mezclar en un poema,
sin temor al ridículo,
estos nombres de ríos navegables y abiertos —Sena, Támesis—,
con los de cauces casi secos —Manzanares,
San Sebastián de flechas gongorinas, lopescas, quevedescas—.

for my dreams. I looked at my passport. In my photograph,
an ashen halo watched over my bald skull.
("You have stars in your eyes, young man,"
they would have told me then.)
The passport was in my hand
a prescription for freedom
that arrived twenty years late.
Then, in its day, in my day,
I would have kissed the cobblestones of Paris,
sung beneath an unrepeatable sky,
lit up the air with my life...

...Lit up the air. It's no longer time for that. Thanks
anyway. You've arrived late.
You're welcome to my photograph,
personal facts and figures,
my profession, my age, my so many things
forgotten or cast away.
Now London, Paris, Madrid, are all the same.
The Thames, the Seine, the Manzanares all carry the same music...
This serenity (or indifference: however you want to call it)
comes with the days. I can even mix in one poem,
without fear of the ridiculous,
these names of navigable and open rivers—Seine, Thames—,
with those of almost dry beds—Manzanares,
Saint Sebastian with arrows that smack of Góngora, Lope, Quevedo—.

Porque no es hora ya de engrandecer,
de idealizar, de mentir bellamente,
sino que es hora de reconocer
y de aceptar, sin canto y sin pasión,
como si ante un notario hiciese testamento
momentos antes de mi muerte.
Un documento, no un poema.
Un testimonio, una radiografía
que no pretende ser hermosa, sino útil.

Útil, tal vez para mí solo
(es decir, objetivamente inútil). ¡Qué tristeza
este juguete que llega tan tarde!
Ahora el mundo no es ya nieblas acá,
playas y piedras radiantes allá,
ni ríos navegables que abren sus brazos al que llega
de una patria de ríos violentos y profundos
como las gentes que los ven pasar.
Cualquier punto del orbe (perdonad
la generalización pedantesca)
es un lugar para soñar, para vivir,
para estar solo y continuar la espera
sin demasiada avidez,
sin emoción y sin sorpresa.

No es lo peor que esto suceda así,
sino que pudo suceder de otra manera.

Because it's no longer the time for grandstanding,
for idealizing, for lying beautifully,
rather it's the time for recognizing
and for accepting, without song and without passion,
as if I were making my last will and testament before a lawyer
moments before my death.
A document, not a poem.
A testimony, an X-ray
that doesn't pretend to be beautiful, but useful.

Useful, perhaps, only for me
(that's to say, objectively useless.) What sadness,
this plaything that arrives so late!
Now the world is no longer mists here,
radiant shores and rocks there,
nor navigable rivers that open their arms to one who arrives
from a country of rivers violent and deep
like the people that see them pass by.
Any point on the globe (pardon
the pedantic generalization)
is a place for dreaming, for living,
for being alone and continuing the wait
without too much enthusiasm,
without emotion and without surprise.

The worst isn't that it should happen like this,
but that it could have happened differently.

Y lo pienso, Dios mío, besando el pasaporte,
unas escasas hojas de papel
entre las que han quedado tantas cosas
que ya no tienen realidad.
Tantas cosas que un día pudieron haber sido.

And I think on it, my God, kissing my passport,
a few scant sheets of paper
among which have been left behind so many things
that no longer have reality.
So many things that one day could have been.

MIS HIJOS ME TRAEN FLORES DE PLÁSTICO

Os enseñé muy pocas cosas.
(Se hacen proyectos..., se imagina..., se sueña...
La realidad es diferente.) Pocas cosas
os enseñé: a adorar el mar;
a sentir la alegría de ver vivir a un animal minúsculo;
a interpretar las palabras del viento;
a conocer los árboles, no por sus frutos:
por sus hojas y por su rumor;
a respetar a los que dejan
su soledad en unos versos, unos colores, unas notas
o tantas otras formas de locura admirable;
a los que se equivocan con el alma.
Os enseñé también a odiar
a la crueldad, a la avaricia,
a lo que es falso y feo, a las flores de plástico.

Febrero llueve sobre el cementerio.
Es una tarde de domingo. Gris
es todo. Hemos venido a enterrar a una criatura
tierna y absurda. Un ser que tal vez soñaría
con la inmortalidad. Trazaba rayas
sobre una plancha de metal, la mordía con ácidos...
Así evocaba a sus demonios, daba fe de su vida,
escribía sus sueños... (Humildemente

MY CHILDREN BRING ME PLASTIC FLOWERS

I taught you very few things.
(One makes plans..., one imagines..., one dreams...
Reality is different.) Few things
I taught you: to worship the sea;
to feel the joy of seeing a minuscule animal living;
to interpret the words of the wind;
to know trees, not by their fruit:
by their leaves and by their sound;
to respect those who leave behind
their solitude in a few poems, a few colors, a few notes
or so many other forms of admirable madness;
those who misunderstand their souls.
I taught you also to hate
cruelty, greed,
all that is false and ugly, plastic flowers.

February rains over the cemetery.
It's a Sunday afternoon. Grey
is everywhere. We have come to bury a creature
tender and absurd. A being who probably dreamed
of immortality. He traced lines
on a metal plate, etched it with acid...
Thus, he called up his demons, authenticated his life,
wrote down his dreams... (Humbly,

dejó pasar sus días. Sin fuego transcurrieron.)
Un pobre ser que ya descansa.

No dejó un hueco irremplazable
en el mundo. Quebró su muerte la perfección universal.
Muy pocos lo advirtieron. Recordarán algunos
de tarde en tarde, y sin dolor, que ya no existe.
Los menos que la lloran la olvidarán también.
Al fin quedó enterrada su carne. Ha vuelto a deshacerse.
Correrá con el agua subterránea que la acompaña,
se deshará con gozo inútil en las cosas
sin dar siquiera un poco de carmín,
de aroma o balanceo a alguna flor de estío,
una flor verdadera, no de plástico, fea,
como aquellas que odiábamos, hijos míos.

Aquí me dejan bajo tierra. Es una tarde de febrero.
Todo es negro cuando se van. Y mudo. Se ha extinguido
esa música gris que antes sonaba.
También el tiempo se ha borrado, y su sufrimiento,
de mi cuerpo. Ya el sufrimiento y el tiempo
van deshaciendo poco a poco lo que fue,
y tuvo fe y desánimo, fantasía y amor.
¡Qué pequeño es ahora, a esta distancia
absoluta, el afán diario! ¡Qué pequeño lo grande,
lo grande aquello! ¡Qué pequeñas las iras
ante los hombres y sus actos!
¡Qué pequeños los hombres y qué necio

he let his days pass by. They went by without fire.)
A poor being who is now at rest.

He didn't leave an irreplaceable spot
in the world. His death did break the perfection of the universe.
Very few noticed it. Some will remember
from time to time, and without sorrow, that he no longer exists.
The few who weep over it will forget it also.
Finally, his flesh was buried. It has begun to disintegrate.
It will run with the subterranean water that accompanies it,
will disintegrate with useless joy into all things
without even lending a little bit of carmine,
of aroma or balance to some summer flower,
a real flower, not of plastic, ugly,
like those that we used to hate, my children.

They leave me here beneath the earth. It's a February afternoon.
It's all black when they go away. And quiet. That grey music
that was playing before has gone out.
Also, time has been erased, and its suffering,
from my body. Now suffering and time
are slowly undoing little by little what was,
and had faith and discouragement, fantasy and love.
Now how small is, from this absolute
distance, the daily struggle! How small all that's great,
all that was great! How small our raging
before men and their deeds!
How small the men and how foolish

aquel errar buscando la verdad!
Como si hubiese una verdad tan sólo.
Como si una verdad fuera bastante
para darnos la vida.

Tarde se aprende lo sencillo.
Lo sabréis cuando un río de espanto se desboque
y arrastre vuestra luz, y la sepulte sin remedio.
Pensé algún día que quien vive sólo un instante, nunca
puede morir. Quizá quise decir que sólo aquel que muere
un instante sabe lo nada que es vivir.
Mas nadie ha muerto nunca sino definitivamente.
Y entonces las palabras no tienen labios que las formen.

Tarde se aprende lo sencillo.
Tarde se encuentra la hermosura. No aquella de los ojos
mortales, la del mundo. No puedo hacer que lo entendáis.
Necesario sería que ahora estuvieseis aquí abajo
y que vieseis a vuestros hijos llegar entre las tumbas,
bajo la lluvia, y dejar su perfume y su presencia
en la tibias, alegres, inmortales
—más hermosas en vuestras manos que las del bosque—
flores de plástico.

that journey searching for truth!
As if there were only one single truth.
As if one truth were enough
to give us life.

All that's simple is learned late.
You'll know this when a river of dread breaks loose
and carries off your light, and buries it without hope.
One day I thought that one who lives only for a moment, never
can die. Perhaps I meant that only that one who dies
for a moment knows the nothingness that is living.
But no one has ever died if not definitively.
And then words don't have lips to form them.

All that's simple is learned late.
Beauty is found late. Not that of mortal
eyes, that of the world. I can't make you understand.
It would be necessary for you to be here below now
and for you to see your children arrive among the tombstones,
under the rain, and leave their perfume and their presence
on the warm, happy, immortal
—more beautiful in your hands than those of the forest—
plastic flowers.

CON TRISTEZA Y ESPERANZA

Demasiado amor fue aquél
—olvidamos que somos criaturas mortales,
seres de mar y viento, de nube y piedra y hoja—.
Demasiado amor. Nos dimos vida
como quien va a morir un instante después.
Y estamos condenados a vivir,
muriendo poco a poco,
de una manera dolorosa y sin grandeza.
Te busco a veces con desesperación,
pongo mi oído en el papel que tú me escribes.
Una vez más parece que descanso
sobre tu pecho —acaso no comprendas
el niño que hay en mí—. Pecho o papel
palpitan cuando los escucho,
hacen sonar la vida que te di,
la vida y muerte que me diste.
Con furia y con amor lejano me golpea
este papel —pecho quise decir—.
Trata de destruir el tiempo.
Sobre su ruina edifica el amor,
un amor hecho de esperanza,
no de alma y cuerpo unidos, como ayer.
Me dice que no puede morir nada que fue,
nada tan lleno de sentido, me dice.

WITH SADNESS AND HOPE

That was too much love
—we forget that we are mortal creatures,
beings of sea and wind, of cloud and stone and leaf—.
Too much love. We gave life to one another
like one who is going to die a moment later.
And we are condemned to live,
dying little by little,
in a way painful and without greatness.
I look for you at times desperately,
I place my ear on the paper that you write me.
Once again it seems that I'm resting
on your breast—perhaps you don't understand
the child that there is in me—. Breast or paper
beat when I listen to them,
they make the life that I gave you ring out,
the life and death that you gave me.
With fury and with distant love
this paper—breast I meant—strikes out at me.
It tries to destroy time.
Over its ruins, it builds love,
a love made of hope,
not of body and soul united, like yesterday.
It tells me that nothing that existed can die,
nothing so full of meaning, it tells me.

Demasiado amor aquél.
Poco para llenar toda una vida,
suficiente cuando pensamos
que este momento es un silencio,
un abismo entre dos orillas
lleno aún del aroma del amor,
de su recuerdo vivo, de la seguridad
—a qué vivir, si no— de que un día la vida
desplegará otra vez —no sé si fugazmente, pero basta—
ante nosotros sus mágicos colores.

That was too much love.
Little to fill an entire life,
sufficient when we think
that this moment is a silence,
an abyss between two shores
still full of love's fragrance,
of its living memory, of the certainty
—why live, if not—that one day life
will unfold once again—I don't know if fleetingly, but it's enough—
before us its magical colors.

ACELERANDO

Aquí, en este momento, termina todo,
se detiene la vida. Han florecido luces amarillas
a nuestros pies, no sé si estrellas. Silenciosa
cae la lluvia sobre el amor, sobre el remordimiento.
Nos besamos en carne viva. Bendita lluvia
en la noche, jadeando en la hierba,
trayendo en hilos aroma de las nubes,
poniendo en nuestra carne su dentadura fresca.
Y el mar sonaba. Tal vez fuera su espectro.
Porque eran miles de kilómetros
los que nos separaban de las olas.
Y lo peor: miles de días pasados y futuros nos separaban.
Descendían en la sombra las escaleras.
Dios sabe a dónde conducían. Qué más daba. «Ya es hora
—dije yo—, ya es hora de volver a tu casa».
Ya es hora. En el portal, «espera», me dijo. Regresó
vestida de otro modo, con flores en el pelo.
Nos esperaban en la iglesia. «Mujer te doy». Bajamos
las gradas del altar. El armonio sonaba.
Y un violín que rizaba su melodía empalagosa.
Y el mar estaba allí. Olvidado y apetecido
tanto tiempo. Allí estaba. Azul y prodigioso.
Y ella y yo solos, con harapos de sol y de humedad.
«¿Dónde, dónde la noche aquella, la de ayer...?», preguntábamos

ACCELERATING

Here, at this moment, everything comes to an end,
life stops. Yellow lights have flowered
at our feet, I don't know if they're stars. Silently,
the rain falls over love, over remorse.
We kiss each other's living flesh. Blessed rain
in the night, panting upon the grass,
carrying in the fragrance of the clouds in threads,
placing its fresh teeth upon our flesh.
And the sea resounded. Maybe it was its ghost.
Because there were thousands of kilometers
that separated us from the waves.
And the worst: thousands of days past and future separated us.
They were descending the stairs in the shadows.
God knows where they led. It didn't matter. "It's time now
—I said—, it's time to return to your house now."
It's time now. At the front door, "wait," she told me. She returned
dressed differently, with flowers in her hair.
They awaited us in the church. "I give you your wife." We went down
the steps of the altar. The organ was playing.
And a violin was curling up its cloying melody.
And the sea was there. Forgotten and desired
for so long. There it was. Blue and prodigious.
And she and I alone, in rags of sun and dampness.
"Where, where that night, yesterday's...?", we asked

al subir a la casa, abrir la puerta, oír al niño que salía
con su poco de sombra con estrellas,
su agua de luces navegantes,
sus cerezas de fuego. Y yo puse mis labios
una vez más en la mejilla de ella. Besé hondamente.
Los gusanos labraron tercamente su piel. Al retirarme
lo vi. Qué importa, corazon. La música encendida,
y nosotros girando. No: inmóviles. El cáliz de una flor
gris que giraba en torno vertiginosa.
Dónde la noche, dónde el mar azul, las hojas de la lluvia.
Los niños —quiénes son, que hace un instante
no estaban—, los niños aplaudieron, muertos de risa:
«Qué ridículos, papá, mamá». «A la cama», les dije
con ira y pena. Silencio. Yo besé
la frente de ella, los ojos con arrugas
cada vez más profundas. Dónde la noche aquella,
en qué lugar del universo se halla. «Has sido duro
con los niños». Abrí la habitación de los pequeños,
volaron pétalos de lluvia. Ellos estaban afeitándose.
Ellas salían con sus trajes de novia. Se marcharon
los niños –¿por qué digo los niños?– con su amor,
con sus noches de estrellas, con sus mares azules,
con sus remordimientos, con sus cuchillos de buscar pureza
bajo la carne. Dónde, dónde la noche aquella,
dónde el mar... Qué ridículo todo: este momento detenido,
este disco que gira y gira en el silencio,
consumida su música...

going up to the house, opening the door, hearing the child leaving
with his little star-filled shadow,
his water with navigating lights,
his fiery cherries. And I placed my lips
once more on her cheek. I kissed deeply.
Worms were cultivating her skin relentlessly. Drawing back,
I saw this. What does it matter, my love. The music playing
and us turning. No: immobile. The chalice of a grey
flower that was whirling about vertiginously.
Where the night, where the blue sea, the leaves of rain.
The children—who are they, that a moment ago
weren't there—, the children applauded, dying of laughter:
"How ridiculous, mom, dad." "Off to bed," I told them
with rage and sorrow. Silence. I kissed
her forehead, her eyes with wrinkles
each time deeper. Where that night,
in what place in the universe is it. "You've been hard
on the children." I opened the door to the little ones' room,
petals of rain flew out. The boys were shaving.
The girls were going out in their wedding gowns. The children
left—why do I say the children?—with their love,
with their starry nights, with their blue seas,
with their remorse, with their knives to seek out purity
beneath the flesh. Where, where that night,
where the sea... How ridiculous everything: this moment stopped,
this record that turns and turns in the silence,
its music consumed…

VIAJE A ITALIA

Y ahora qué haré, si tú no estás.
En el espejo te desvaneciste.
Qué haré, si ya no estás. Cómo encontrarte.

  Fui a la agencia de viajes.
Dije: «Un billete». «¿Para dónde?»
«Para dónde ha de ser». (Me comprendieron en seguida.)
«Mucho tiempo esperó», dijeron enigmáticos.
Volví a casa cantando, recobrada
la vida. Me miré al espejo.
Tú ya no estabas. Comprendí.

  Ahora qué voy a hacer. Sin ti quién puede
recobrar lo soñado, lo perdido: Venecia
de vidrio rosa, Roma con cabellos de fuentes.
Florencia y Siena, Nápoles y Pisa,
Botticelli, Giotto, Tiziano, cipreses y palacios,
canales, Miguel Ángel, frutos, palomas, Donatello,
qué van a ser sin ti, si eras tú quien les dabas
vida, sentido, magia.

                                        Llegaré —a veces gusto
de imaginar que en el crepúsculo—
a no sé qué ciudad. Consultaré la *Guide Bleu*

TRIP TO ITALY

And now what will I do, if you aren't there.
In the mirror you disappeared.
What will I do if you're no longer there. How to find you.

I went to the travel agency.
I said: "A ticket." "Where to?"
"To wherever it's supposed to be." (They understood me at once.)
"You waited a long time," they said enigmatically.
I returned home singing, my life
recovered. I looked at myself in the mirror.
You were no longer there. I understood.

Now what am I going to do. Without you who can
recover all that's dreamed, that's lost: Venice
with rose-colored glass, Rome with fountain hair.
Florence and Siena, Naples and Pisa,
Botticelli, Giotto, Titian, cypress trees and palaces,
canals, Michaelangelo, fruit trees, doves, Donatello,
what will they be without you, if it was you who gave them
life, meaning, magic.

I'll arrive—at times I like
to imagine at twilight—
in I don't know what city. I'll consult the *Guide Bleu*

y... Ésta es la prueba. ¿Quién puede acercarse,
después de tanto tiempo, a un gran amor,
sin alma, sin amor, es decir, sólo con los ojos?

«Un billete», diré. Preguntarán que para dónde.
«Para un lugar que yo inventé
y tal vez ya no existe. Para mirarme en un espejo
que reflejó mi vida cuando no estaba yo
y al que me acerco ahora,
cuando no puede devolver mi imagen».

Y entenderán por qué lo digo.

and... This is the test. Who can draw near,
after so much time, to a great love,
without soul, without love, that's to say, only with the eyes?

"A ticket," I'll say. They'll ask to where.
"To a place that I invented
and perhaps no longer exists. To look at myself in a mirror
that reflected my life when I wasn't there
and to which I draw near now,
when it can't return my image."

And they'll know just what I mean.

HISTORIA PARA MUCHACHOS

Dicen: «Este señor
habla tan sólo de sí mismo.
Pasa —dicen— cegado,
sin ver lo que sucede alrededor.
Va por el mundo como un barco viejo...,
ese señor... Bueno para cortar
con un hacha, y quemarlo, y calentarnos
si es capaz de calor...
Ese señor que hablaba de su vida
y nada más... Ese señor...», han dicho.

Probablemente era ya viejo
cuando nací, cerca de un río.
Aunque no me acuerdo de ese río
sino del mar bajo el sol de septiembre.
Sería complicado explicar las razones
por las que yo me hallaba allí
entre las olas y los estudiantes,
estrujando el momento
como quien quiere anclarse
a un trozo hermoso de la realidad.
Un sueño de oro entre las dos sirenas
que interrumpían el trabajo.
Era algo así como nostalgia

STORY FOR BOYS AND GIRLS

They say: "This old man
talks only about himself.
He goes by—they say—blinded,
without seeing what's happening around him.
He goes through the world like an old ship...,
that old man... Good for chopping up
with an axe, and burning him, and warming ourselves
if he's capable of warmth...
That old man that talked about his life
and nothing else... That old man," they've said.

He was probably already old
when I was born, near a river.
Although I don't remember that river,
but the sea under the September sun.
It would be complicated to explain the reasons
for which I found myself there
among the waves and the students,
embracing the moment
like someone who wants to cast anchor
in a beautiful part of reality.
A golden dream between the two sirens
that interrupted my work.
It was something like nostalgia

lo que me hacía estar allí
hasta mi encuentro con la máquina.

Este señor que pasa por la vida
metido dentro de sí mismo, entonces
era cilindrador. ¿Sabéis qué es eso,
vosotros que le habláis a este señor
de realidades? Es posible que haya
entre los libros de la biblioteca
de vuestros padres, uno que os aclare
ciertas palabras; apuntad: *palero,*
moldeador, listero en unas obras,
transportista de leña a domicilio,
comisionista para venta a plazos
de libros, negro de escritor... Acaso
alguno de los libros que tenéis
en vuestra casa me haya a mí dejado
un porcentaje (un diez por ciento, creo).

No son éstas las únicas palabras.
Hay otras. Por ejemplo: *condenados*
por auxilio a la rebelión.
(Creo que ése era el término jurídico.)
Auxilio, o *adhesión*: no estoy seguro.
O uno le fue aplicado
a mi padre, y el otro a mí.

that made me stay there
until my encounter with manual labor.

This old man who goes through life
stuck inside of himself was
a press operator then. Do you know what that is,
you who speak to this old man
about the facts of life? It's possible that there is
among the books in your parents'
library one that might clear up
certain words for you; take note: *ditch digger,*
cast maker, roll keeper on some jobs,
porter of firewood to domiciles,
salesman of books on the installment
plan, ghost writer... Perhaps
one of the books that you have
in your house has afforded me
a percentage (ten per cent, I believe.)

These aren't the only words.
There are others. For example: *denounced*
for aid to the rebellion.
(I believe that was the legal term.)
Aid, or *adherence*: I'm not sure.
Or one was applied
to my father, and the other to me.

No estoy seguro. Ya ha pasado el tiempo
y él ha muerto. Y han muerto muchas gentes
que estuvieron en una situación
semejante, o peor. Y los demás
envejecimos. No hemos muerto,
afortunadamente.

Este señor
oyó una vez llorar a un niño
en el momento de la elevación
en una misa. (Necesitaría
demasiadas palabras
para que comprendierais por qué un hecho
tan aparentemente natural
me parecía irreal entonces, y ahora.
¿Cómo hacerlo sentir?... En cuatro años
no había oído voz de niño.
La de mujer, al otro lado,
desgarrada, voz casi masculina
por el esfuerzo para destacarse
del griterío. No podría
explicarlo. No es cosa de palabras
como estas mías. Sólo un gran poeta
podría contagiaros la emoción:
mis palabras no bastan.) Lloró el nino.
Por las triples vidrieras entró el sol.

I'm not sure. By now, the time has passed,
and he has died. And many people have died
who were in a similar
situation, or worse. And the rest of us
grew old. We haven't died,
fortunately.

This old man
once heard a child cry
at the moment of the elevation
in a mass. (I would neeed
too many words
for you to understand why an event
so apparently natural
seemed unreal to me then, and now.
How to make it felt?... In four years
I hadn't heard a child's voice.
A woman's, on the other side of the wall,
rent asunder, an almost masculine voice
because of her effort to stand out
above the shouting. I couldn't
explain it... It's not a matter of words
like these of mine. Only a great poet
could make you feel the emotion:
my words aren't enough.) The child cried.
Through the triple stained glass windows entered the sun.
.

El corazón estaba
a punto de romperse hermosamente.
Después, fue un hombre muerto,
y otro hombre, muchos más...
He perdido la cuenta.
En los balcones los dejaban
por la noche, delante de la fuente
de aquel patio interior. Muertos calzados
con alpargatas nuevas, su sudario.
Amanecía y se les despedía
cantando el *Dies irae*
(ya no recuerdo si el de Verdi,
o es muy posible que el de Mozart).

Este señor apetecía ser
el Desdichado de la tierra,
el más miserable que nadie,
el más solitario que todos.
No se tenía lástima a sí mismo
y sólo así sería libre,
sin nadie a quien compadecer...
Y un día volvió al mar. Fueron las olas
a lamerle las manos. «Aquí estás
—le dijeron— de nuevo». Desplegaron
sus colores, olores y sonidos.
Pusieron en sus manos pan de amor.

My heart was
at the point of bursting beautifully.
Afterwards, it was one dead man,
and another man, many more...
I've lost count.
On the balconies, they left them
at night before the fountain
of that interior patio. Dead men wearing
new sandals, their winding sheets.
Dawn would break and they were dispached
singing the *Dies irae*
(I no longer remember if Verdi's
or it's very possible Mozart's).

This old man longed to be
the Wretched of the earth,
more miserable than anyone,
the most solitary of all.
He took no pity on himself,
and only thus would he be free,
without anyone to share his sorrows...
And one day he returned to the sea. The waves came
to lick at his hands. "Here you are
—they said to him—again." They unfolded
their colors, odors and sounds.
They placed love's bread in his hands.

Las gaviotas bajaron a picarlo.
Pero las alas eran alpargatas
en los pies de los muertos. Y la música
del mar era el *Dies irae*... Sólo un día,
un momento, tendido —la cabeza
junto a un tronco rugoso de sabina—,
olvidó. Fue un momento. Eternidad
que le duró un momento. Se creía
tierra de paz. Y el árbol le nacía
de la frente, y las nubes...

(¿Quién no ha visto,
quién no ha vivido nubes, árbol, mar?...
Será mejor cambiar de tema,
dejar de hablar, aunque necesitaba
deciros esto. La palabra
es de piedra, impermeable a la emoción:
lo vuelvo a recordar.)

Lo de la mar duró muy poco.
Todo duraba cada vez más poco.
Era lo mismo que un pantano.
Yo me hundía en el fango.
Y cada vez era mi cuerpo
menos libre. Gritaba, respiraba,
enloquecía, enloquecía, enloquecía.

The sea gulls came down to peck at it.
But their wings were sandals
on the feet of the dead. And the music
of the sea was the *Dies irae*... Only one day,
one moment, stretched out—his head
against a savin tree's wrinkled trunk—,
he forgot. It was a moment. Eternity
that lasted a moment for him. He believed
himself at peace with the earth. And the tree grew
out of his forehead, and the clouds...

(Who hasn't seen,
who hasn't lived clouds, tree, sea?...
It's probably better to change the subject,
to stop talking, although I needed
to say this to you. The words
are cut in stone, impermeable to emotion:
I remember once again.)

The moment by the sea lasted only a while.
Everything lasted less each time.
It was the same as a swamp.
I was sinking in the mud.
And each time my body was
less free. I shouted, gasped,
I went mad, went mad, went mad.

Convocaba mi muerte
a aquellas gentes que yo vi morir.
Y yo escondía la cabeza
para no verlos, y que me dejaran
vivir, morir a gusto.
Y yo escondía la cabeza
bajo un acordeón. Yo le arrancaba
sonidos —lo recuerdo—, y las mujeres
bailaban, y Madama Leontine,
gorda y espiritual, recomendaba
silencio, por si acaso la multaba
la policía...

Ya ha pasado el tiempo
sobre todos nosotros.
Muchos se han liberado ya del tiempo.
Nuestros pequeños heroísmos
adquirieron su dimensión
verdadera. Aquel verdor de luna
de febrero, con nieve, entre vagones,
no es más que una viñeta. Aquella luna
de agosto, sobre el mar y las montañas,
se ha apagado. Es vulgar. Y tantas cosas
que fueron mías, nunca vuestras,
y hoy ni siquiera son ya mías.
Recorrí mi camino repicando

My death summoned
those people that I saw die.
And I hid my head
in order not to see them, and for them to let me
live, die as I pleased.
And I hid my head
under an accordion. I wrenched
sounds from it—I remember—, and the women
danced, and Madame Leontine,
plump and spiritual, counseled
silence, just in case the police
were handing out fines...

By now, time has passed
over all of us.
Many have already freed themselves from time.
Our small heroisms
acquired their true
dimension. That fresh February
moon, in the snow, between boxcars,
is nothing more than a vignette. That August
moon, over the sea and the mountains,
has gone out. It's vulgar. And so many things
that were mine, never yours,
and that today aren't even mine anymore.
I ran my road ringing

las sonoras campanas, encendiendo
las estrellas —creía en las campanas
y en las estrellas–... Todo fue rompiéndome
el corazón. Y me encontré de pronto
nel mezzo del camin di nostra vita
(hago la cita para que digáis
que en esta historia existe, por lo menos,
un verso bueno: justo el que no es mío).
Ya no me importan nada
mis versos ni mi vida.
Lo mismo exactamente que a vosotros.
Versos míos y vida mía, muertos
para vosotros, y para mí.
Pero en vosotros, por lo menos, queda
vuestra vida, y en mí sólo momentos
inasibles, recuerdos o proyectos,
alguna imagen descuajada
de mis años pasados o futuros.
Como esta que me asalta en el instante
en que estoy escribiendo: un hombre esbelto,
con su cadena de oro en el chaleco.
Habla con alguien. Detrás de él, un fondo
de grúas en el puerto. Y hay un niño
que soy yo. Él es mi padre.
«El niño tiene cuatro años»,
acaba de decir.

sonorous bells, lighting up
the stars—I believed in the bells
and in the stars—... Everything kept breaking
my heart. And I found myself suddenly
nel mezzo del camin di nostra vita
(I'm making the quotation so that you'll say
that in this story there exists, at least,
one good line: precisely the one that isn't mine).
My lines and my life
don't matter at all to me anymore.
Exactly the same for you.
My lines and my life, dead
for you and for me.
But for you, at least there's
your life, and for me only moments
beyond my grasp, memories or plans,
some image uprooted
from my past or future years.
Like this one that comes over me at the moment
in which I am writing: a thin man
with his gold chain in his vest.
He's talking to someone. Behind him, a background
of cranes in the port. And there's a boy
that's me. He is my father.
"The boy is four years old,"
he has just said.

EPÍLOGO

EPILOGUE

CAE EL SOL

Perdóname. No volverá a ocurrir.
Ahora quisiera
meditar, recogerme, olvidar: ser
hoja de olvido y soledad.
Hubiera sido necesario el viento
que esparce las escamas del otoño
con rumor y color.
Hubiera sido necesario el viento.

Hablo con la humildad,
con la desilusión, la gratitud
de quien vivió de la limosna de la vida.
Con la tristeza de quien busca
una pobre verdad en que apoyarse y descansar.
La limosna fue hermosa —seres, sueños, sucesos, amor—,
don gratuito, porque nada merecí.

¡Y la verdad! ¡Y la verdad!
Buscada a golpes, en los seres,
hiriéndolos e hiriéndome;
hurgada en las palabras;
cavada en lo profundo de los hechos
—mínimos, gigantescos, qué más da:
después de todo, nadie sabe

THE SUN SETS

Forgive me. It won't happen again.
Now I would like
to meditate, gather my thoughts, forget: to be
a leaf of oblivion and solitude.
It would have taken the wind
that scatters autumn's scales
with sounds and colors.
It would have taken the wind.

I speak with the humility,
with the despair, the gratitude
of someone who lived from the alms of life.
With the sadness of someone who searches for
one poor truth on which to lean and rest.
The alms were beautiful—beings, dreams, events, love—,
a gratuitous gift, because I deserved nothing.

And the truth! And the truth!
Searched for with my bare fists in people,
wounding them and wounding myself;
stirrred up in words;
dug out of the depths of deeds
—minuscule, gigantic, what does it matter:
after all, no one knows

qué es lo pequeño y qué lo enorme;
grande puede llamarse a una cereza
(«hoy se caen solas las cerezas»,
me dijeron un día, y yo sé por qué fue),
pequeño puede ser un monte,
el universo y el amor.

Se me ha olvidado algo
que había sucedido.
Algo de lo que yo me arrepentía
o, tal vez, me jactaba.
Algo que debió ser de otra manera.
Algo que era importante
porque pertenecía a mi vida: era mi vida.
(Perdóname si considero importante mi vida:
es todo lo que tengo, lo que tuve;
hace ya mucho tiempo, yo la habría vivido
a oscuras, sin lengua, sin oídos, sin manos,
colgado en el vacío,
sin esperanza.)

Pero se me ha borrado
la historia (la nostalgia)
y no tengo proyectos
para mañana, ni siquiera creo
que exista ese mañana (la esperanza).

what is all that's little and what all that's enormous;
a cherry can be called big
("today the cherries are falling alone,"
they said to me one day, and I know why it was),
a mountain, the universe and love
can be small.

I have forgotten something
that had happened.
Something for which I repented
or, perhaps, I boasted about.
Something that ought to have turned out in a different way.
Something that was important
because it belonged to my life: it was my life.
(Forgive me if I consider my life important:
it's all that I have, that I had;
a very long time ago, I would have lived it
in the dark, without a tongue, without ears, without hands,
hanging in the void,
without hope.)

But I have lost sight
of history (nostalgia),
and I don't have plans
for tomorrow, nor do I even believe
that there exists that tomorrow (hope).

Ando por el presente
y no vivo el presente
(la plenitud en el dolor y la alegría).
Parezco un desterrado
que ha olvidado hasta el nombre de su patria,
su situación precisa, los caminos
que conducen a ella.
Perdóname que necesite
averiguar su sitio exacto.

Y cuando sepa dónde la perdí,
quiero ofrecerte mi destierro, lo que vale
tanto como la vida para mí, que es su sentido.
Y entonces, triste, pero firme,
perdóname, te ofreceré una vida
ya sin demonio ni alucinaciones.

I walk through the present,
and I don't live the present
(fulfillment in sorrow and joy).
I seem like an outcast
who has forgotten even the name of his country,
its precise location, the roads
that lead to it.
Forgive me for needing
to ascertain its exact place.

And when I learn where I lost it,
I want to offer you my exile, that's worth
as much as life to me, which is its meaning.
And then, sad but sure,
forgive me, I'll offer you a life
finally without a demon or hallucinations.

BIBLIOGRAFÍA

BIBLIOGRAPHY

BIBLIOGRAFÍA

TIERRA SIN NOSOTROS. Colección «Proel», Santander, 1947. Imp. Talleres Tipográficos del Hogar Provincial de Santander. 2 h., 118 págs., 2 h., 24,5x18. Viñeta en la cubierta y portada de José Luis Hidalgo. Tirada, 500 ejs. Contiene: I, *Enfrente* (8 poemas); II, *Recuerdo* (6 poemas); III, *Nosotros* (7 poemas); IV, *Oraciones* (7 poemas); V, *Tierra sin nosotros* (11 poemas); *Noche final. Epílogo* (1 poema).
Dedicatoria: «A mi madre».

ALEGRÍA. Colección «Adonáis», Madrid, 1947. Imp. Gráficas Urquina, Madrid. 2 h., 112 págs., 14,5x11. Tirada: 650 ejs.: 425 papel edición, 100 papel especial numerados y 125 firmados y numerados por el autor, 18x13. Contiene: I, *Alegría* (17 poemas); II, *Variaciones sobre el instante eterno* (11 poemas); III, *Alma herida* (25 poemas).
Dedicatoria: «A Josefina y Francisco Ribes y su hija Margarita, esta alegría que ellos impulsaron con su amistad, su inteligencia y su entusiasmo».
Premio Adonáis de 1947.

CON LAS PIEDRAS, CON EL VIENTO... Colección «Proel», Santander, 1950. Imp. Taller de Artes Gráficas de los Hermanos Bedia, Santander. 2 h., 122 págs., 2 h., 26x18. Viñeta en cubierta y portada de Ricardo Zamorano. Tirada, 500 ejs. Contiene: I, *Fábula* (2 poemas); *Tres fábulas para tiempos felices* (5 poemas); II, *Vehemencia* (2 poemas); III, *Desaliento* (3 poemas); *Dos fábulas para tiempos sombríos* (12 poemas); IV, *Demasiado tarde* (4 poemas); V, *Sencillez* (4 poemas); VI, *El solitario* (5 poemas).
Prólogo-dedicatoria a Gerardo Diego.

15 DÍAS DE VACACIONES. Cuento. Colección «Tito Hombre», Santander, 1951. Imp. Taller de Artes Gráficas de los Hermanos Bedia. 2 h., 36 págs., 2 h., 22x15. Dibujo de Carlos Rincón, coloreado a mano. Tirada de 100 ejemplares en papel edición, para los suscriptores de la colección; de 6 ejemplares para autor y colaboradores, 28x20,5 en papel Ingres especial de la casa Gvarro.

QUINTA DEL 42. Editora Nacional, Madrid, 1952. (En la portada dice, por error, 1942). Imp. Taller de Artes Gráficas de los Hermanos Bedia, Santander. 2 h., 166 págs., 23,5x17. Ilustraciones de José Caballero. Contiene: *El libro*, *Para un esteta*; I, *Los hombres y las horas* (12 poemas); II, *Una vasta mirada* (9 poemas); III, *Esfinge interior* (3 poemas); *Alucinación* (9 poemas); *Canto llano* (11 poemas); IV, *La mujer de espaldas* (8 poemas).
Dedicatoria: «A Aurelio García Cantalapiedra, el amigo fiel, comprensivo y entrañable. Adjetivos que parecen tópicos a los extraños. Insuficientes a los amigos».

ANTOLOGÍA. Santander, 1953. Tirada de bibliófilo, 100 ejs. + 9, numerados y nominados. Imp. Taller de Artes Gráficas de los Hermanos Bedia. 6 h., 148 págs., 4 h., 36,5x25,5. Encarte: grabado de Joaquín de la Puente, numerado y firmado por el dibujante. Un poema autógrafo del autor, en cada ejemplar. Edición en rama, sobre papel Ingres especial de la casa Gvarro, presentado en estuche de cartón con dibujos de Ángel Ferrant. Xilografía en la portada de Ricardo Zamorano, coloreada a mano. Ilustraciones en el interior de Rafael Álvarez Ortega. Letras iniciales de los poemas dibujadas por Carlos Cañas, coloreadas a mano por Daniel Gil Pila. Contiene: *Juan Ramón Jiménez*; Dos poemas de compaña: I, *Si la mar fuera más grande*; II, *Por tanta cuesta de tierra*. De *Tierra sin nosotros* (7 poemas); de *Alegría* (9 poemas); de *Con las piedras, con el viento...* (6 poemas); de *Quinta del 42* (6 poemas); de *Cuanto sé de mí* (no recogidos en libro hasta esa fecha) (8 poemas). Partitura autógrafa de Eduardo Rincón, Música para un poema («Ahora ni en mí, alma mía... »).
Dedicatoria: «A Pablo Beltrán de Heredia, eminencia gris de toda empresa generosa, padrino de esta antología».

Distinguido este libro con el Premio Nacional de Literatura para Poesía de 1953.

ANTOLOGÍA. Ediciones Cantalapiedra, Santander, 1954. 2.ª edición. Imp. Taller de Artes Gráficas de los Hermanos Bedia. 2 h., 126 págs., 21x14. Dibujo en la cubierta de Ángel Ferrant. Contiene el mismo texto que la primera edición (tirada de bibliófilo).

ESTATUAS YACENTES. Colección «Clásicos de todos los años», de Pablo Beltrán de Heredia, Santander, 1955. Imp. Taller de Artes Gráficas de los Hermanos Bedia, Santander. 2 h., 24 págs., 19,5x10,5. En cubierta, fotografía parcial del sepulcro de D. Gutierre de Monroy y doña Constanza de Anaya, en la Catedral Vieja de Salamanca. Dibujos en el interior de Joaquín de la Puente.

CUANTO SÉ DE MÍ. Ediciones Ágora, núm. 17 de Colección Ágora, Madrid, 1957. Imp. Gráficas Orbe, S.L., Madrid. 2 h., 94 págs., 17x15. Dibujo de Joaquín de la Puente, retrato del autor. Contiene: I, *Lo que vi* (7 poemas); II, *Torre de sueños* (4 poemas); III, *Por lo que sé* (15 poemas).
Dedicatoria: «A Pedro Gómez Cantolla, patrón de «Proel», porque no me preguntó de dónde venía. Por la fe que siempre tuvo en este viejo remero de su embarcación».
Premio de la Crítica de 1957 y Premio March.

POESÍA DEL MOMENTO. Volumen 132, extra, de la Colección «Más Allá», de Afrodisio Aguado, Madrid, 1957. 2 h., 260 págs., 12x8,5. Sobrecubierta de Romero Escasi. Dibujo de Ricardo Zamorano, retrato del autor. Contiene: *Prólogo del autor* (7 págs.) y los libros *Tierra sin nosotros* y *Alegría*, en sus textos completos.

POESÍAS ESCOGIDAS. Antología. Colección «Poetas de España y América», de Editorial Losada, Buenos Aires, 1960. Imp. Artes Gráficas Bartolomé U. Chiesina, Buenos Aires. 213 págs. + 4 págs. Índice de la colección, 21x15. Dibujo en la cubierta de Baldellari. Contiene: *Prólogo del autor* (4 págs.); de *Tierra sin nosotros*

(21 poemas); de *Alegría* (24 poemas); de *Con las piedras, con el viento...* (16 poemas); de *Quinta del 42* (15 poemas); de *Cuanto sé de mí* (1 poema); más el poema inédito *Alucinación de Salamanca*, recogido después en *Libro de las alucinaciones*.

POESÍAS COMPLETAS. Volumen V de la Colección «Orfeo», Ediciones Giner, Madrid, 1962. Imp. Maribel, Artes Gráficas, Madrid. 568 págs. 19,5x13,5. En sobrecubierta, fotografía de José Hierro por Lagos. Contiene: *Prólogo del autor* (8 págs.); *Tierra sin nosotros, Alegría, Con las piedras, con el viento..., Quinta del 42, Estatuas yacentes y Cuanto sé de mí*, en sus textos completos. Como inédito en esa fecha publica «Versos de circunstancia», con los poemas «Al capitán Baroja en otoño», «Ilustración para el niño de la jaula vacía», «Pinos», «A María Antonia Dans», «Cestillo de flores», «A J. R. J. y Z. C. A.» y un avance del *Libro de las alucinaciones*: «Alucinación en Dublín», «Nocturno», «Renunciación», «Marina imposible», «Yepes cocktail» (fragmento), «El mar en la llanura», «Inauguración del monumento», «Los andaluces», «Alucinación en Salamanca», «El pasaporte» y «Cae el sol».

LIBRO DE LAS ALUCINACIONES. Editora Nacional, Madrid, 1964. Imp. Bolaños y Aguilar, S.A., Madrid. 4 h., 106 págs., 21x15,5. Contiene: *Teoría y alucinación de Dublín* (21 poemas); *Un es cansado* (9 poemas) y *Epílogo* (1 poema).
Dedicatoria: «A mi mujer, estas palabras con la brisa y el oleaje de nuestro mar y de nuestra vida».
Premio de la Crítica de 1964.

CUANTO SÉ DE MÍ. Colección «Biblioteca Breve», de Ediciones Seix Barral, S.A., Barcelona, 1974. Imp. Talleres de Ariel, S.A., Esplugas de Llobregat, Barcelona. 2 h., 498 págs., 19,5x13. Contiene: *Tierra sin nosotros, Alegría, Con las piedras, con el viento..., Quinta del 42, Estatuas yacentes, Cuanto sé de mí, Libro de las alucinaciones* y cinco poemas no recogidos en libro: «Fuegos de artificio en honor de D. Pedro Calderón de la Barca», «A María Antonia Dans», «Pinos», «Villancico», «Verdi, 1874». Va precedido el libro de los textos del autor «Palabras para la presente edición» y «Prólogo a *Poesías completas, 1962*».

ANTOLOGÍA. Volumen CXXIII de Colección «Visor de Poesía», Editorial Alberto Corazón, Madrid, 1980. Imp. Talleres Gráficos Montaña, Madrid. 4 h., 316 págs. 19,5x12,5. Selección e introducción de Aurora de Albornoz. Contiene: *Tierra sin nosotros* (23 poemas), *Alegría* (29 poemas), *Con las piedras, con el viento...* (9 poemas), *Quinta del 42* (25 poemas), *Estatuas yacentes* (completo), *Cuanto sé de mí* (20 poemas), *Libro de las alucinaciones* (22 poemas), Poemas de *Agenda* (no recogidos en libro): «Fueron dos mil kilómetros los que volé sobre las olas», «Estas palabras», «Unos dedos de plata», «Brahms, Clara, Schumann» y «La casa».

JOSÉ HIERRO. (Antología). Estudio y selección de poemas de Aurora de Albornoz. Colección «Los poetas, 31», Madrid, Ediciones Júcar. Cubierta: J. M. Domínguez, sobre diseño de Jas Hayden. Fotografía: Aurora de Albornoz y Javier Oroz Pérez. 1.ª edición: enero de 1982. Imp. Romanya/Valls, Verdaguer, 1, Capellades (Barcelona). 205 págs., 18x11. Contiene: *Tierra sin nosotros* (8 poemas); *Alegría* (8 poemas); *Con las piedras, con el viento...* (3 poemas); *Quinta del 42* (9 poemas); *Cuanto sé de mí* (8 poemas); *Libro de las alucinaciones* (9 poemas) y Poemas de *Agenda* (I, II, III, IV, V.).

LIBRO DE LAS ALUCINACIONES. Segunda edición. Volumen 243 de la Colección «Cátedra, Letras hispánicas», Editorial Ediciones Cátedra (Grupo Anaya, S.A.), Madrid, 1986. Impreso en Fernández Ciudad, S.L. Madrid, 171 págs., 00,00x00,0. Edición, introducción y bibliografía de Dionisio Cañas. Ilustración de Cubierta: José Hierro. Contiene: *Teoría y alucinación de Dublin* (21 poemas); *Un es cansado* (9 poemas) y *Epílogo* (1 poema). Dedicatoria: «A mi mujer, estas palabras con la brisa y el oleaje de nuestro mar y de nuestra vida».

ANTOLOGÍA POÉTICA. Alianza Editorial n.° 1473, 1990. Impreso en Fernández Ciudad, S.L. Madrid, 183 págs., 18x11. Contiene:

Selección, prólogo y bibliografía de José Olivio Jiménez. De *Tierra sin nosotros* (7 poemas); de *Alegría* (8 poemas); de *Con las piedras, con el viento...* (6 poemas); de *Quinta del 42* (8 poemas); de *Cuanto sé de mí* (9 poemas), de *Libro de las alucinaciones* (10 poemas), *Otros poemas* (5 poemas), *Cinco cabezas* (5 poemas), *Cabotaje* (5 poemas).

AGENDA. Ediciones Prensa de la Ciudad, S.A. Madrid, 1991. Fotocomposición Carácter. Impresión: Omnia, 86 págs., 21,5x14,5. Contiene: *Prólogo con libélulas y gusanos de seda* (1 poema); I, *Cuánto nunca* (11 poemas); II, *Cinco cabezas* (5 poemas); III, *Nombres propios* (13 poemas). *Epílogo:* (1 poema).
Dedicatoria: «A Bubu y Tacha, que ahora empiezan».

PREHISTORIA LITERARIA. Artes Gráficas Gonzalo Bedia. Santander, 1991 (Edición no venal). 68 págs., 21,5x19,5. Justificación, editorial, prólogo: Gonzalo Corona Marzol. *1937* (13 poemas). *1938* (25 poemas).

ANTOLOGÍA POÉTICA. N.° 306 de la Colección Austral de Espasa Calpe. Madrid, 1993. Edición de Gonzalo Corona Marzol. Maqueta de cubierta: Enric Satué. Impresión Unigraf, S.L. Madrid. 348 págs., 17,5x11,5. Contiene: Introducción y bibliografía: Gonzalo Corona Marzol. Antología poética. Selección de primeros poemas. *Prehistoria Literaria* (7 poemas); de *Tierra sin nosotros* (18 poemas); de *Alegría* (18 poemas); de *Con las piedras, con el viento...* (14 poemas); de *Quinta del 42* (22 poemas); *Estatuas yacentes* (1 poema); de *Cuanto sé de mí* (12 poemas); de *Agenda* (10 poemas); *Divertimentos, poemas humorísticos y varios* (4 poemas); Dos poemas inéditos de un futuro *Cuaderno de Nueva York* (2 poemas).
Notas: Gonzalo Corona Marzol.

EMBLEMAS NEURORRADIOLÓGICOS. Fuenlabrada (Madrid) 40 págs., 20x14; Ediciones Endymión. 1995. Diseño de la portada: Ginés Liébana. Dibujo de la portada: Jesús Muñoz. Prólogo: Pedro Laín Entralgo. 15 dibujos de Jesús Muñoz. 15 poemas de José Hierro.

SONETOS (1939-1993). Primera edición 1995. Editor: Ayuntamiento de Santa María de Cayón, Cantabria. Imprime: Artes Gráficas Bedia. Santander. 85 págs., 19,5x12. Contiene: *Cuaderno de Nueva York* (1 poema); *Agenda* (1 poema); *Cuanto sé de mí* (10 poemas); *Quinta del 42* (5 poemas), *Con las piedras, con el viento...* (1 poema); *Alegría* (5 poemas); *Tierra sin nosotros* (2 poemas); *Sonetos de circunstancias* (5 poemas); *Prehistoria literaria* (18 poemas).

NOMBRES PROPIOS. Antología. Selección de José Hierro y A. Sánchez Zamarreño. Edición de Antonio Sánchez Zamarreño. Ediciones de la Universidad, Salamanca, 1995. 172 págs., 21x13. Contiene: «La poesía de José Hierro: Vida, compañía, canto» por Antonio Sánchez Zamarreño. Esta antología: Bibliografía; de *Tierra sin nosotros* (2 poemas); de *Alegría* (1 poema); de *Quinta del 42* (6 poemas); de *Estatuas yacentes* (1 poema); de *Libro de las alucinaciones* (6 poemas); de *Agenda* (17 poemas); Tres poemas inéditos.

MÚSICA. Antología temática. Colección Alhucema, n.° 8. Óptica Almería, 1998. Imprenta Cervantes, Almería. 105 págs., 18x12. Portada y contraportada: Enrique Durán. Dibujos interiores: José Hierro. Contiene: de *Cuaderno de Nueva York* (7 poemas); de *Agenda* (5 poemas); de *Libro de las alucinaciones* (1 poema); de *Cuanto sé de mí* (3 poemas); de *Quinta del 42* (2 poemas); de *Tierra sin nosotros* (1 poema).
Dedicatoria: «A Manolo Romero que eligió, y cuidó durante la travesía, estos versos que trae a nuevo puerto».

CUADERNO DE NUEVA YORK. Ediciones Hiperión, Madrid, 1998. Colección dirigida por Jesús Munárriz. Diseño gráfico: Equipo 109. Cubierta: Bartholdi, «La Libertad iluminando el mundo». Artes gráficas Géminis. San Sebastián de los Reyes, Madrid. 134 págs., 20x13,5. Contiene: *Preludio* (1 poema); *Engaño es grande* (9 poemas); *Pecios de sombra* (13 poemas); *Por no acordarme* (9 poemas); Epílogo (1 poema).
Dedicatoria: «A José Olivio Jiménez porque en su casa fraterna -West Side, 90 Street, cercana al Hudson- se me apareció mágicamente la ciudad de Nueva York».

SONETOS. (1937-1998). Segunda edición aumentada y revisada. Abril 1999. Edita: Ayuntamiento de San Sebastián de los Reyes. Imprime: Reprofot, S.L. Madrid. 147 págs. 21x15,5. Contiene: *Cuaderno de Nueva York* (1 poema); *Agenda* (1 poema); *Cuanto sé de mí* (10 poemas); *Quinta del 42* (5 poemas); *Con las piedras, con el viento...* (1 poema); *Alegría* (5 poemas); *Tierra sin nosotros* (2 poemas); *Sonetos de circunstancias* (15 poemas); *Prehistoria literaria* (34 poemas). Cubierta y dibujos de las portadillas: José Hierro, más dos autorretratos-caricatura. Selección biobibliográfica y notas: Margarita Hierro.

CUADERNO DE NUEVA YORK/NEW YORK NOTEBOOK. Edición Universidad Popular San Sebastián de los Reyes, Madrid, 1999. Impreso por Reprofot, S.L. Edición bilingüe por Gordon E. McNeer. Colección dirigida por Manuel Romero. Portada y dibujos interiores por José Hierro. Contiene: *Preludio* (1 poema); *Engaño es grande* (9 poemas); *Pecios de sombra* (13 poemas); *Por no acordarme* (9 poemas); Epílogo (1 poema). Dedicatoria: «A José Olivio Jiménez porque en su casa fraterna -West Side, 90 Street, cercana al Hudson- se me apareció mágicamente la ciudad de Nueva York». Dedicatoria del traductor: «A José Hierro con amistad».

VIDA. Antología. Colección Crisol. Serie Especial. Editorial Aguilar. 266 págs., 8x6,4. Núm. 062. Imprime: Talleres Gráficos Unigraf, S.L. Móstoles (Madrid). Noviembre, 1999. Dibujo-autorretrato: José Hierro. Introducción y antología de Margarita Hierro. Contiene: *Cuaderno de Nueva York* (6 poemas); *Agenda* (6 poemas); *Libro de las alucinaciones* (6 poemas); *Cuanto sé de mí* (3 poemas); *Quinta del 42* (4 poemas); *Con las piedras, con el viento...* (1 poema); *Alegría* (3 poemas); *Tierra sin nosotros* (6 poemas).

AGENDA. Segunda edición. Enero 2000. Edita: Ayuntamiento de San Sebastián de los Reyes. Imprime: Reprofot, S.L. Madrid. 120 págs., 21x15,5. Portada y dibujos: José Hierro. Contiene: *Prólogo con libélulas y gusanos de seda* (1 poema); I, *Cuánto nunca* (11 poemas); II, *Cinco cabezas* (5 poemas); III, *Nombres propios* (13 poemas);

Epílogo (1 poema). Dedicatoria: «A Bubu y Tacha que ahora empiezan». Selección biobibliográfica: Margarita Hierro.

QUINTA DEL 42. Tercera edición. Mayo 2000. Edita: Ayuntamiento de San Sebastián de los Reyes. Imprime: Reprofot, S.L. Madrid. 163 págs., 21x15,5. Portada y dibujos: José Hierro. Contiene: *Prólogo. El libro. Para un esteta. Los hombres y las horas:* (12 poemas); *Una vasta mirada* (9 poemas); *Esfinge interior; Alucinaciones* (9 poemas); *Canto llano* (11 poemas); *La mujer de espaldas* (8 poemas). Selección biobibliográfica: Margarita Hierro.

TIERRA SIN NOSOTROS. Segunda edición. Septiembre 2000. Edita: Ayuntamiento de San Sebastián de los Reyes. Imprime: Reprofot, S.L. Madrid. 128 págs., 21x15,5. Portada y dibujos: José Hierro. Contiene: *Enfrente* (8 poemas); *Recuerdo* (6 poemas); *Nosotros* (7 poemas); *Oraciones* (7 poemas); *Tierra sin nosotros* (11 poemas); *Noche final (epílogo)* (1 poema). Selección biobibliográfica: Margarita Hierro.

CON LAS PIEDRAS, CON EL VIENTO... Segunda edición. Febrero 2001. Edita Ayuntamiento de San Sebastián de los Reyes. Imprime: Reprofot, S.L. Madrid. 129 págs., 21x15,5. Portada: José Hierro. Contiene: *Prólogo a Gerardo Diego. Con las piedras, con el viento... Fábula* (2 poemas); *Tres fábulas para tiempos felices* (5 poemas); *Vehemencia* (2 poemas); *Desaliento* (3 poemas); *Dos fábulas para tiempos sombríos* (13 poemas); *Demasiado tarde* (4 poemas); *Sencillez* (4 poemas); *El solitario* (5 poemas). Selección biobibliográfica: Margarita Hierro.

DE CANTABRIA, EL MAR Y OTRAS NOSTALGIAS... *Antología poética.* Biblioteca Cantabria, Santander, Abril 2001. Volumen 10. *Estudio.* Edición: Aurelio García Cantalapiedra. Edición realizada con la colaboración del Gobierno de Cantabria. Consejería de Cultura y Deportes. Impresión: Huertas, S.A., 217 págs., 21,5x14,5. Fotografías de los archivos de José Hierro y Aurelio García Cantalapiedra. Realización del Departamento de Empresas e

Instituciones de Espasa Calpe. Contiene: Prólogo de Aurelio García Cantalapiedra; Prólogo de José Hierro. De *Tierra sin nosotros* (31 poemas); de *Alegría* (21 poemas); de *Con las piedras, con el viento...* (Prólogo, Dedicatoria y 9 poemas); de *Quinta del 42* (12 poemas); de *Cuánto sé de mí* (10 poemas); de *Libro de las alucinaciones* (8 poemas); de *Agenda* (3 poemas); de *Prehistoria Literaria* (5 poemas); de *Sonetos de Circunstancias* (5 poemas); de *Otros poemas* (6 poemas). Prosa de *Ciudad para el viento* (6 artículos). De *Playas de Santander* (6 artículos). Recuerdos gráficos (4 dibujos, 17 fotografías). Reconocimientos (9 fotografías). Cronología y Bibliografía: Margarita Hierro. Dedicatoria: «A mis nietas Hortensia y Helena, últimas Hierro de la tribu».

AGENDA/AGENDA. Primera edición bilingüe. 2001. Edita: Ayuntamiento de San Sebastián de los Reyes. Imprime: Reprofot, S.L. Madrid. 194 págs. Edición bilingüe por Gordon E. McNeer. Colección dirigida por Manuel Romero. Portada y dibujos: José Hierro. Contiene *Prólogo con libélulas y gusanos de seda* (1 poema); I, *Cuánto nunca* (11 poemas); II, *Cinco cabezas* (5 poemas); III, *Nombres propios* (13 poemas); *Epílogo* (1 poema). Dedicatoria: «A Bubu y Tacha que ahora empiezan». Selección biobibliográfica: Margarita Hierro.

BIBLIOGRAPHY

LAND WITHOUT US. "Proel" Collection. Santander: Typographic Print Shops of the Provincial Hearth of Santander, 1947. Vignette on the cover and title page by José Luis Hidalgo. Edition: 500 copies, 2 plates 24.5 x 18 cm., 118. Contents: I. *Facing* (8 poems); II. *Memory* (6 poems); III. *Us* (7 poems); IV. *Prayers* (7 poems); V. *Land Without Us* (11 poems); *Final Night*. *Epilogue* (1 poem).
Dedication: "To my mother."

JOY. "Adonáis" Collection. Madrid: Urquina Graphic Printers, 1947. Edition: 650 copies, 2 plates, 14.5 x 11 cm., 112. 425 on standard paper; 100 on deluxe paper, numbered, and 125 signed and numbered by the author, 18 x 13 cm. Contents: I. *Joy* (17 poems); II. *Variations on the Eternal Moment* (11poems); III. *Wounded Soul* (25 poems). Dedication: "To Josefina and Francisco Ribes and their daughter Margarita, this joy that they sent forth with their friendship, their intelligence and their enthusiasm."
Adonáis Prize for 1947.

WITH THE STONES, WITH THE WIND... "Proel" Collection. Santander: Bedia Brothers Print Shop of Graphic Arts, 1950. Vignette on the cover and title page by Ricardo Zamorano. Edition: 500 copies, 2 plates, 26 x 18 cm., 122. Contents: I. *Fable* (2 poems); *Three Fables for Happy Times* (5 poems); II. *Vehemence* (2 poems); III. *Discouragement* (3 poems); *Two Fables for Dark Times* (12 poems); IV. *Too Late* (4 poems); V. *Simplicity* (4 poems); VI. *The Lonely One* (5 poems).
Prologue-Dedication to Gerardo Diego.

15 DAYS OF VACATIONS. Story. "Tito Hombre" Collection. Santander: Bedia Brothers Print Shop of Graphic Arts, 1951. Drawing by Carlos Rincón, colored by hand, 2 plates, 22 x 15 cm., 36. Edition: 100 copies on standard paper, for the subscribers to the collection; 6 copies on special Ingres paper from the Gvarro House, 28 x 20.5 cm., for the author and collaborators.

DRAFT GROUP 42. Madrid: *Editora Nacional*, 1952. (On the title page it says, in error, 1942). Santander: Bedia Brothers Print Shop of Graphic Arts. Illustrations by José Caballero, 2 plates, 23.5 x 17 cm., 166. Contents: *The Book, For an Aesthete*; I. *Man and Time* (12 poems); II. *A Distant Gaze* (9 poems); III. *Inner Sphinx* (3 poems); *Hallucination* (9 poems); *Simple Song* (11 poems); IV. *Woman With Her Back Turned* (8 poems).
Dedication: "To Aurelio García Cantalapiedra, the faithful, understanding and dear friend. Adjectives that seem commonplace to strangers. Insufficient to friends."

ANTHOLOGY. Santander: Bedia Brothers Print Shop of Graphic Arts, 1953. Edition for bibliophiles, 100 copies + 9, numbered and named, 6 plates, 4 plates, 36.5 x 25.5 cm., 148. Insert: engraved by Joaquín de la Puente, numbered and signed by the draftsman. A hand-written poem by the author in each copy. Unbound edition on special Ingres paper from the Gvarro House, presented in a cardboard case with drawings by Ángel Ferrant. Xylography on the title page by Ricardo Zamorano, colored by hand. Interior illustrations by Rafael Álvarez Ortega. Initial capitals of the poems drawn by Carlos Cañas, hand colored by Daniel Gil Pila. Contents: *Juan Ramón Jiménez*; Two battle poems: I. *If the Ocean Were Only Bigger*; II. *Over So Many Hill Tops*. From *Land Without Us* (7 poems); from *Joy* (9 poems); from *With the Stones, with the Wind...* (6 poems); from *Draft Group 42* (6 poems); from *All I Have to Say* (not collected in book form until that date) (8 poems). Music score signed by Eduardo Rincón. Music for a poem ("Now not even in me, my soul...").
Dedication: " To Pablo Beltrán de Heredia, the gray eminence behind every generous undertaking, the godfather of this anthology."
This book was distinguished with the National Prize for Literature in Poetry for 1953.

ANTHOLOGY. Santander: Cantalapiedra Publications, 1954. 2nd 1st edition: Bedia Brothers Graphic Arts Shop. Drawing on the cover by Ángel Ferrant, 2 plates, 21 x 14 cm., 126. Contains the same text as the first edition (bibliophile's edition).

RECUMBENT STATUES. "Classics Over the Years" Collection by Pablo Beltrán de Heredia. Santander: Bedia Brothers Graphic Arts Shop, 1955. On the cover, a partial photograph of the sepulcher of D. Gutierre de Monroy and Doña Constanza de Anaya in the Old Cathedral of Salamanca. Interior drawings by Joaquín de la Puente, 2 plates, 19.5 x 10.5 cm., 24.

ALL I HAVE TO SAY. The Ágora Collection. Madrid: Ágora Publications, num. 17. Orbe Graphics Printers, Inc., 1957. Drawing by Joaquín de la Puente, portrait of the author, 2 plates, 17 x 15 cm., 94. Contents: I. *What I Saw* (7 poems); II. *Tower of Dreams* (4 poems); III. *As far as I Know* (15 poems).
Dedication: "To Pedro Gómez Cantolla, patron of *Proel,* because he never asked me where I was coming from. For the faith that he always had in this old oarsman on his boat."
Critics' Prize for 1957 and the *March* Prize.

POETRY OF THE MOMENT. *"Más Allá"* Collection, vol. 132, special edition. Madrid: Afrodisio Aguado, 1957. Dust cover by Romero Escasi. Drawing by Ricardo Zamorano, portrait of the author, 2 plates, 12 x 8.5 cm., 260. Contents: author's prologue (7 pp) and the books *Land Without Us* and *Joy* in their complete versions.

SELECTED POEMS. "Poets of Spain and América" Collection. Anthology. Buenos Aires: Losada Publishing House, 1960. Buenos Aires: Bartolomé U. Chíesina Graphic Arts Printers. Drawing on the cover by Baldellari, 4 page index for the collection, 21 x 15 cm., 213 + 4. Contents: *Author's prologue* (4 pages); from the book *Land Without Us* (21 poems), from *Joy* (24 poems); from *With the Stones, with the Wind...*(16 Poems); from *Draft Group 42* (15 poems); from *All I Have To Say* (1 poem); plus the unpublished poem *Hallucination in Salamanca*, included later in *Book of Hallucinations*.

COMPLETE POEMS. *"Orfeo"* Collection, volume V. Madrid: Giner Publications, 1962. Madrid: Maribel Graphic Arts Printers, 19.5 x 13.5 cm., 568. On the dust cover, a photograph of José Hierro by Lagos. Contents: *Author's Prologue* (8 pages); *Land Without Us*; *Joy*; *With the Stones, with the Wind...*; *Draft Group 42*; *Recumbent Statues* and *Everything I Know* in their complete texts. As unpublished works at this date, he includes "Poems of Circumstance," with the poems "To Captain Baroja in Autumn," "Illustration for the Boy with the Empty Cage," "Pines," "To María Antonia Dans," "Small Basket of Flowers," "To J.R.J and Z.C.A." and a preview of *Book of Hallucinations*: "Hallucination In Dublin," "Nocturne," "Renunciation," "Impossible Seascape," "Yepes Cocktail"(fragment), "The Sea on the Plain," "The Inauguration of the Monument," "Andalusians," "Hallucination in Salamanca," "Passport" and "The Sun Is Setting."

BOOK OF HALLUCINATIONS. Madrid: Editora Nacional, 1964. Madrid: Bolaños and Aguilar Printers, Inc., 4 plates, 21 x 15.5 cm., 106. Contents: *Theory and Hallucination in Dublin* (21 poems); *A Tired Is* (9 poems) and *Epilogue* (1 poem).
Dedication: "To my wife, these words with the breeze and the surf of our sea and our lives."
Critics' Prize for 1964

ALL I HAVE TO SAY. *"Biblioteca Breve"* Collection. Barcelona: Seix Barral Publishers, Inc., 1974. Esplugas de Llobregat, Barcelona: Ariel Print Shops, Inc., 2 plates, 19.5 x 13 cm., 498. Contents: *Land Without Us; Joy; With the Stones, with the Wind...; Draft Group 42; Recumbent Statues; All I Have to Say; Book of Hallucinations* and five poems not collected in books: "Fireworks in Honor of Sir Calderón de la Barca," "To María Antonia Dans," "Pines," "Christmas Carol," "Verdi, 1874." The book is prefaced by two texts by the author: "Words for the present edition" and "Prologue to the *Complete Poems*, 1962."

ANTHOLOGY. *"Visor de Poesía"* Collection, volume CXXIII. Madrid: Alberto Corazón Publishers, 1980. Madrid: Montaña Graphic Print Shops, 4 plates, 19.5 x 12.5 cm., 316. Selection and introduction by

Aurora de Albornoz. Contents: *Land Without Us* (23 poems); *Joy* (29 poems); *With the Stones, with the Wind...* (9 poems); *Draft Group 42* (25 poems); *Recumbent Statues* (complete); *Everything I Have to Say* (20 poems); *Book of Hallucinations* (22 poems); Poems for *Agenda* (not collected in books): "I Flew Two Thousand Kilometers Over the Waves," "These Words," "Silver Fingers," "Brahms, Clara, Schumann" and "House"

JOSÉ HIERRO. "Los poetas, 31" Collection (Anthology). Study and selection of poems by Aurora de Albornoz. Madrid: Júcar Publications. Cover: J.M. Domínguez, based on a design by Jas Hayden. Photography: Aurora de Albornoz and Javier Oroz Pérez. 1st edition: January of 1982. Romanya/Valls Printers, Verdaguer, 1, Capellades (Barcelona), 18 x 11 cm., 205. Contents: *Land Without Us* (8 poems); *Joy* (8 poems); *With the Stones, with the Wind...* (3 poems); *Draft Group 42* (9 poems); *All I Have to Say* (8 poems); *Book of Hallucinations* (9 poems) and Poems from *Agenda* (I, II, III, IV, V.).

BOOK OF HALLUCINATIONS. Second edition. Madrid: *Cátedra*, "Hispanic Letters" Collection, volume 243, 1986. Printed by Fernández Ciudad, S.L., Madrid, 171. Edition, introduction and bibliography by Dionisio Cañas. Cover by José Hierro. Contents: *Theory and Hallucination in Dublin* (21 poems); *A Tired Is* (9 poems) and *Epilogue* (1 poem). Dedication: " To my wife, these words with the breeze and the waves of our sea and of our lives."

ANTHOLOGY OF POETRY. Madrid: Alianza Publishers, num. 1473. Madrid: printed at Fernández Ciudad, Inc., 18 x 11 cm., 183. Contents: Selection, prologue and bibliography by José Olivio Jiménez. From *Land Without Us* (7 poems); from *Joy* (8 poems); from *With the Stones, with the Wind...*(6 poems); from *Draft Group 42* (8 poems); from *All I Have to Say* (9 poems); from *Book of Hallucinations* (10 poems); *Other Poems* (5 poems); *Five Heads* (5 poems); *Cabotage* (5 poems).

AGENDA. Madrid: Prensa de la Ciudad Publications, Inc., 1991. Phototypesetting: Carácter. Printing: Omnia., 21.5 x 14.5 cm., 86. Contents*: Prologue with Dragonflies and Silkworms* (1 poem); I. *How*

Much Never (11 poems); II. *Five Heads* (5 poems); III. *Proper Nouns* (13 poems). *Epilogue* (1 poem).
Dedication: "To Bubu and Tacha, who are just getting started."

LITERARY PREHISTORY. Santander: Gonzalo Bedia Graphic Arts, 1991 (private edition). 21.5 x 19.5 cm., 68. Publisher, justification and prologue: Gonzalo Corona Marzol. Contents: *1937* (13 poems). *1938* (25 poems).

ANTHOLOGY OF POETRY. Madrid: Espasa Calpe, Austral Collection, num. 306, 1993. Edition by Gonzalo Corona Marzol. Drawing on the cover by Enric Satué. Madrid: Unigraf Printing, Inc., 17.5 x 11.5 cm., 348. Contents: Introduction and bibliography: Gonzalo Corona Marzol. Anthology of poetry. Selection of early poems. *Literary Prehistory* (7 poems); from *Land Without Us* (18 poems); from *Joy* (18 poems); from *With the Stones, with the Wind...* (14 poems); from *Draft Group 42* (22 poems); from *Recumbent Statues* (1 poem); from *All I Have to Say* (12 poems); from *Agenda* (10 poems); *Diversions, Humorous Poems*, and *Various* (4 poems); two unpublished poems from a future *New York Notebook* (2 poems). Notes: Gonzalo Corona Marzol.

CATSCAN EMBLEMS. Fuenlabrada (Madrid): Endymión Publications, 1995. 20 x 14 cm., 40. Cover design: Gines Liébana. Cover drawing: Jesús Muñoz. Prologue: Pedro Laín Entralgo. Contents: 15 drawings by Jesús Muñoz. 15 poems by José Hierro.

SONNETS (1939-1993). Santander: Ayuntamiento de Santa María de Cayón (Cantabria), first edition, 1995. Printer: Bedia Graphic Arts, Santander, 19.5 x 12 cm., 85. Contents: *New York Notebook* (1 poem); *Agenda* (1 poem); *All I Have to Say* (10 poems); *Draft Group 42* (5 poems); *With the Stones, with the Wind...* (1 poem); *Joy* (5 poems); *Land Without Us* (2 poems); *Sonnets of Circumstance* (5 poems); *Literary Prehistory* (18 poems).

PROPER NOUNS. Anthology. Salamanca: University Publications, 1995. Selection by José Hierro and Antonio Sánchez Zamarreño. Edition by Antonio Sánchez Zamarreño, 21 x 13 cm., 172. Contents: "The Poetry of

José Hierro: Life, Company, Song": Antonio Sánchez Zamarreño. This anthology: bibliography of *Land Without Us* (2 poems); from *Joy* (1 poem); from *Draft Group 42* (6 poems); from *Recumbent Statues* (1 poem); from *Book of Hallucinations* (6 poems); from *Agenda* (17 poems); three unpublished poems.

MUSIC. Alhucema Collection, num. 8. Thematic anthology. Almería: Óptica, 1998. Almería: Cervantes Press, 18 x 12 cm., 105. Front and back covers: Enrique Durán. Interior drawings: José Hierro. Contents: from *New York Notebook* (7 poems); from *Agenda* (5 poems); from *Book of Hallucinations* (1 poem); from *All I Have to Say* (3 poems); from *Draft Group 42* (2 poems); from *Land Without Us* (1 poem)
Dedication: "To Manolo Romero, who selected and cared for these poems during a crossing that will carry them to a new port."

NEW YORK NOTEBOOK. Madrid: Hiperión Publications, 1998. Collection directed by Jesús Munárriz. Graphic design: Equipo 109. Cover: Bartholdi, "Liberty Illuminating the World." Géminis Graphic Arts, San Sebastián de los Reyes, Madrid, 20 x 13.5 cm., 134. Contents: *Prelude* (1 poem); *It's a Grave Mistake* (9 poems); *Shipwrecked Shadows* (13 poems); *Trying to Forget* (9 poems); *Epilogue* (1 poem). Dedication: "To José Olivio Jiménez because in his fraternal home –West Side, 90th Street, near the Hudson– the city of New York appeared to me magically."

SONNETS: (1937-1998). Second edition, augmented and revised. Madrid. Ayuntamiento San Sebastián de los Reyes, April, 1999. Printed by Reprofot, S.L., Madrid, 21x15.5 cm., 147. Contents: *New York Notebook* (1 poem); *Agenda* (1 poem); *All I Have to Say* (10 poems); *Draft Group 42* (5 poems); *With the Stones, with the Wind…* (1 poem); *Joy* (5 poems); *Land Without Us* (2 poems); *Sonnets of Circumstance* (15 poems); *Literary Prehistory* (34 poems). Cover, interior drawings and self-portrait caricatures by José Hierro. Bio-bibliographic selection and notes by Margarita Hierro.

CUADERNO DE NUEVA YORK / NEW YORK NOTEBOOK. Madrid: Universidad Popular "José Hierro," San Sebastián de los Reyes, 1999.

Printed by Reprofot, S.L. Translated by Gordon E. McNeer. Cover design and interior drawings by José Hierro. Edition directed by Manolo Romero. Contents: *Prelude* (1 poem); *It's a Grave Mistake* (9 poems); *Shipwrecked Shadows* (13 poems); *Trying to Forget* (9 poems); *Epilogue* (1 poem). Author's dedication: "To José Olivio Jiménez because in his fraternal home –West Side, 90th Street, near the Hudson– the city of New York appeared to me magically." Translator's dedication: "To José Hierro in friendship."

LIFE. Anthology. Crisol Collection. Special series. Aguilar Publishers. November, 1999. Printed by: Unigraf Graphic Shops, Ltd. Móstoles (Madrid). Num. 062, 8x6.4 cm., 266. Drawing-self portrait: José Hierro. Introduction and Anthology by Margarita Hierro. Contents: *New York Notebook* (6 poems); *Agenda* (6 poems); *Book of Hallucinations* (6 poems); *All I Have to Say* (3 poems); *Draft Group 42* (4 poems); *With the Stones, With the Wind...* (1 poem); *Joy* (3 poems); *Land Without Us* (6 poems).

AGENDA. Second edition. January 2000. Published by: Ayuntamiento of San Sebastián de los Reyes. Printed by: Reprofot, Ltd. Madrid. 21x15.5 cm., 120. Cover and drawings: José Hierro. Contents: *Prologue With Dragonflies and Silkworms* (1 poem); I. *How Much Never* (11 poems); II. *Five Heads* (5 poems); III. *Proper Nouns* (13 poems); *Epilogue* (1 poem). Dedication: "To Bubu and Tacha who are just getting started."

DRAFT GROUP 42. Third edition. May 2000. Published by Ayuntamiento of San Sebastián de los Reyes. Printed by: Reprofot, Ltd. Madrid. 21 x 15.5 cm., 163. Cover and drawings: José Hierro. Contents: *Prologue. The Book. For an Aesthete. Man and Time* (12 poems); *A Distant Gaze* (9 poems); *Inner Sphinx; Hallucinations* (9 poems); *Simple Song* (11 poems); *Woman With Her Back Turned* (8 poems). Chronology and Bibliography: Margarita Hierro.

LAND WITHOUT US. Second edition. September 2000. Published by: Ayuntamiento of San Sebastián de los Reyes. Printed by:

Reprofot, Ltd. Madrid. 21 x 15.5 cm., 128. Cover and drawings: José Hierro. Contents: *Facing* (8 poems); *Memory* (6 poems); *Us* (7 poems); *Prayers* (7 poems); *Land Without Us* (11 poems); *Final Night (epilogue)* (1 poem). Chronology and Bibliography: Margarita Hierro.

WITH THE STONES, WITH THE WIND... Second edition. February 2001. Published by: Ayuntamiento of San Sebastián de los Reyes. Printed by: Reprofot, Ltd. Madrid. 21 x 15.5 cm., 129. Cover: José Hierro. Contents: *Prologue to Gerardo Diego. With the Stones, With the Wind... Fable* (2 poems); *Three Fables for Happy Times* (5 poems); *Vehemence* (2 poems); *Discouragement* (3 poems); *Two Fables for Dark Times* (13 poems); *Too Late* (4 poems); *Simplicity* (4 poems); *The Lonely One* (5 poems). Chronology and Bibliography: Margarita Hierro.

ABOUT CANTABRIA, THE SEA AND OTHER REMEMBRANCES... *Anthology of Poetry.* Biblioteca Cantabria, vol. 10. *Estudio.* Santander. April 2001. Edited by: Aurelio García Cantalapiedra. Published in collaboration with the Government of Cantabria: the Consejería of Culture and Sports. Printed by: Huertas, Inc, 21.5 x 14.5 cm., 217. Photographs from the archives of José Hierro and Aurelio Garcia Cantalapiedra. Produced by Espasa Calpe in its Department of Business and Institutions. Contents: Introduction by Aurelio García Cantalapiedra. Prologue by José Hierro. From *Land Without Us* (31 poems); *Joy* (21 poems); *With the Stones, with the Wind...* (Prologue, dedication and 9 poems); *Draft Group 42* (12 poems); *All I Have to Say* (10 poems); *Book of Hallucinations* (8 poems); *Agenda* (3 poems); *Literary Prehistory* (5 poems); *Sonnets of Circumstance* (5 poems); *Other Poems* (6 poems). Prose: from *City for the Wind* (6 articles). From *Beaches of Santander* (6 articles). Graphic souvenirs (4 sketches, 17 photographs). Acknowledgments (9 photographs). Chronology and Bibliography: Margarita Hierro.

AGENDA/AGENDA. First bilingual edition. Madrid: Universidad Popular "José Hierro" San Sebastián de los Reyes, 2001. Printed by

Reprofot, S.L. Translated by Gordon E. McNeer. Cover design and interior drawings by José Hierro. Edition directed by Manolo Romero. Contents: *Prologue With Dragonflies and Silkworms* (1 poem); I. *How Much Never* (11 poems); II. *Five Heads* (5 poems); III. *Proper Nouns* (13 poems); *Epilogue* (1 poem). Dedication: "To Bubu and Tacha who are just getting started."

CRONOLOGÍA

1922 José Hierro nace el 3 de abril de 1922 en Madrid, en la calle Andrés Borrego, n.° 18-20, actualmente n.° 16. Sus padres eran Joaquín Hierro, empleado de telégrafos y madrileño de origen, y Esperanza Real, natural de Santander. Tiene una hermana, Isabel.

1924 A los dos años se traslada toda la familia a Santander por cambio de destino del padre.

1928-1936 Estudios primarios en el Colegio de los Salesianos. Luego pasa a la Escuela de Industrias, donde, en contra de la voluntad familiar, estudia peritaje eléctrico-mecánico, estudios que no termina por causa de la guerra.

1932 Lee *El alcázar de las perlas*, de Francisco Villaespesa, que, según sus palabras, le influirá inconscientemente en el uso del eneasílabo romanceado de sus primeros libros. Por esos años, lee también *Peter Pan*, que luego será recordado en «Canción de cuna para dormir a un preso», en *Tierra sin nosotros*.

1934 Recibe un premio de cuento infantil en el Ateneo de Santander. Lee a Gabriel Miró, cuya influencia inconsciente reconocerá en algunos versos del poema «Una tarde cualquiera», de *Quinta del 42*.

1935 Lee *Versos humanos* de Gerardo Diego. En ese año lee también a Juan Ramón Jiménez.

1936 Conoce a José Luis Hidalgo, de quien será amigo hasta la muerte de éste. A principios de este año lee la primera *Antología* que sobre la Generación del 27 había preparado Gerardo Diego; ello supone, según sus propias palabras, «una puesta al día en las corrientes más modernas de la poesía». Lee a Dostoievsky y la *Historia de dos ciudades*, de Dickens, cuyo personaje Sidney

Carton le influirá a la hora de escribir sus tres novelas inéditas. Comienza a leer a los clásicos españoles, sintiendo una especial predilección por Lope de Vega y la poesía de tipo tradicional.

1936-1937 Aparecen publicados sus primeros poemas en un periódico de Gijón y en el *Romancero General de la guerra de España*.

1936-1939 Vive la guerra en Santander con su familia.

1937 Joaquín Hierro es encarcelado hasta 1941. En otoño, José Luis Hidalgo y José Hierro visitan en Santander a Gerardo Diego y le entregan una selección de poemas de ambos.

1936-1938 Lee en francés a los principales poetas simbolistas y postsimbolistas (Baudelaire, Mallarmé y Valéry), haciendo de *Las flores del mal* uno de sus libros de cabecera.

1939 En septiembre, ingresa en prisión, acusado de pertenecer a una red clandestina de ayuda y socorro a los presos, y recorre las cárceles de Santander, Comendadoras (Madrid), Palencia, de nuevo Santander, Porlier y Torrijos (Toledo), Segovia y Alcalá de Henares. Es procesado dos veces y, finalmente, se le condena a doce años y un día de reclusión, pero abandona la cárcel en enero de 1944. A los pocos días, muere su padre.

1942 Nace en Valencia, a partir de una tertulia que se celebra en el Bar Galicia, animada por Ricardo Blasco, Jorge Campos y Pedro Caba, la revista *Corcel*, en la que muy pronto empezará a colaborar José Luis Hidalgo, que entonces vivía allí.

1944 En enero, José Hierro sale de la prisión de Alcalá de Henares. Aparece en abril de este año el primer número de la revista *Proel*. En julio, José Luis Hidalgo y José Hierro se encuentran en el Paseo de Pereda de Santander con Julio Maruri y Carlos Salomón. Hierro les lee los primeros poemas de *Tierra sin nosotros:* «Mili de Castro» y «Luna de agosto». Después de pasar el verano en Santander, José Hierro se traslada a Valencia, donde Hidalgo le asegura tener para él un trabajo que realmente no existe. Hierro empieza a escribir los poemas de *Tierra sin nosotros* (el primero de los cuales fue «Mili de Castro»), libro que concluirá en 1946. El 27 de marzo fallece su padre Joaquín Hierro.

1944-1946 Reside en Valencia junto a José Luis Hidalgo y Jorge Campos. Allí se incorpora, con Ricardo Zamorano y Francisco

Ribes, entre otros, a la revista *Corcel*, dirigida por Ricardo Blasco.

1945 En septiembre, *Proel* publica el n.° XVIII, *Homenaje a Quevedo*. Tras diversos viajes entre Valencia y Santander, José Luis Hidalgo se instala el 16 de diciembre definitivamente en la capital del Turia. A lo largo de este año aparecen diversos poemas de *Tierra sin nosotros* en las revistas *Garcilaso, Corcel y Proel.*

1946 En la primavera de este año, se inicia la segunda época de *Proe*l, en la que José Hierro participará muy activamente, que terminará, con la revista, en 1950. José Luis Hidalgo enferma de una infección pulmonar y es trasladado y visitado con frecuencia por Hierro en Madrid. Comienzan a escribirse los poemas de *Alegría*, libro que se concluirá en los comienzos de 1947.

1947 El 3 de febrero muere José Luis Hidalgo en Madrid. Se publica *Tierra sin nosotros* (Ed. Proel. Santander) y *Alegría* recibe el Premio «Adonáis»; el jurado del premio estaba compuesto por Vicente Aleixandre, Dámaso Alonso, José Luis Cano, Gerardo Diego y Enrique Azcoaga. A finales de año, Hierro, envía parte de un nuevo libro, titulado *Con las piedras, con el viento...*, al matrimonio formado por Francisco Ribes y Josefina Escolano (María de Gracia Ifach); en la primavera de 1948, lo tiene ya concluido, pero, cuando lo va a enviar a la imprenta, en 1950, se da cuenta de que lo ha perdido y vuelve a redactarlo «de un tirón», con la ayuda del manuscrito conservado por el matrimonio Ribes.

1947-1952 Vive y trabaja en Santander, colaborando en la revista *Proel* junto a Ricardo Gullón, a quien conoce a su vuelta a tal ciudad. Desempeña en estos años diversos trabajos: listero en unos talleres metalúrgicos, redactor jefe de las revistas de la Cámara de Comercio de Santander y de la Cámara Agraria, titulada esta última *Tierras del Norte*.

1949 En el n.° 5 (Primavera y Estío) de *Proel* aparece el artículo de Eugenio Frutos titulado «El humanismo y la moral de Juan Pablo Sartre», que contiene «El existencialismo es un humanismo» del filósofo francés. Matrimonio de José Hierro con María de los

Ángeles Torres, natural de Santander. Se publica *El viento sur*, tirada especial de cien ejemplares (Hnos. Bedia. Santander).
Nace su hijo Juan Ramón.

1950 Se publica *Con las piedras, con el viento...* (Ed. Proel. Santander).

1951 Roger Noël-Mayer traduce al francés una breve antología de poemas de José Hierro, prologados por Manuel Arce, con el título de *Poèmes* (Pierre Seghers. París).
Nace su hija Margarita.

1952 Francisco Ribes le incluye en la *Antología consultada de la joven poesía española* (Dist. Marés. Valencia). Comienza a trabajar en Editora Nacional y se traslada definitivamente a Madrid, donde vive desde entonces. En Editora Nacional, trabaja primero como oficinista, luego como encargado de ediciones, diseñando las cubiertas de los libros y corrigiendo las pruebas de edición. Posteriormente trabaja como promotor en España del *Reader's Digest* y en la revista *Dunia*, hasta que ésta se traslada a Barcelona. Trabaja en Radio Nacional hasta 1987, año en que se jubila.

1953 Se publica *Quinta del 42* (Editora Nacional. Madrid).
Nace su hija Marián.

1954 Se publica *Antología poética* (Pablo Beltrán de Heredia. Santander; 2.ª edición Cantalapiedra. Torrelavega, 1954).

1955 Se publica *Estatuas yacentes* (Colección «Clásicos de todos los años». Santander).

1957 Se publica el libro *Cuanto sé de mí* (Ágora. Madrid), que recibe el Premio de la Crítica y el Premio March. Se publica el volumen recopilatorio de los dos primeros libros de Hierro, precedidos de un prólogo del autor, titulado *Poesía del momento* (Afrodisio Aguado. Madrid). Comienzan a escribirse los poemas de *Libro de las alucinaciones*, que se concluirán en 1963.

1960 Se publica, con prólogo del autor, la antología *Poesías escogidas* (Losada. Buenos Aires). Es incluido en la antología *Cuatro poetas de hoy: José Luis Hidalgo, Gabriel Celaya, Blas de Otero y José Hierro*, de María de Gracia Ifach (Taurus. Madrid).
Nace su hijo Joaquín.

1962 Primera edición de sus *Poesías completas* (1944-1962) (Giner. Madrid). Es incluido en la antología *Veinte años de poesía española (1939-1959)*, de José M.ª Castellet (Seix Barral. Barcelona).

1964 Se publica *Libro de las alucinaciones* (Editora Nacional. Madrid), que obtiene el Premio de la Crítica de ese año. Una segunda edición de este libro, a cargo de Dionisio Cañas, verá la luz en 1986 en la colección «Letras Hispánicas» de la editorial Cátedra.

1965 Es incluido en *Poesía española contemporánea. Antología (1939-1964). Poesía social* (Alfaguara. Madrid), elaborada por Leopoldo de Luis.

1970 Primeros años setenta: José Hierro dirige una tertulia poética en el Ateneo, que, por problemas políticos, acaba siendo censurada y tiene que trasladarse a la librería *Abril*, en la calle Arenal. La tertulia de la librería *Abril*, dirigida por Carmina Abril, José Gerardo Manrique de Lara y José Hierro, se inaugura con una lectura de poemas por parte de Vicente Aleixandre.

1974 Se publica la segunda edición de la poesía completa de José Hierro, incluyendo los libros hasta entonces publicados, con el título de *Cuanto sé de mí* (Seix Barral. Barcelona).

1975 Comienza a elaborar los primeros poemas de un libro que llevará por título *Agenda*.

1978 Acompañando al artículo de Aurora de Albornoz «Aproximación a la obra poética de José Hierro (1947-1977)», aparecen publicados los primeros poemas de *Agenda*, con el título de «Compasivamente en la noche» en *Cuadernos Hispanoamericanos*, n.° 341 (nov. 1978); págs. 291-296.

1980 Aurora de Albornoz publica una extensa *Antología de la obra de José Hierro* (Visor. Madrid). Hay una 2.ª edición en 1985.

1981 Recibe el premio «Príncipe de Asturias».

1982 Aurora de Albornoz publica, en la colección «Los poetas» de la Editorial Júcar, una antología precedida de un extenso prólogo, con el título de *José Hierro* (Ed. Júcar. Madrid-Gijón).

1986 Se edita *Libro de las alucinaciones* en segunda edición en la editorial Cátedra con introducción y bibliografía de Dionisio Cañas. Premio Pablo Iglesias.

1987 José Hierro se jubila de su trabajo en Radio Nacional.

1990 Se concluye la redacción del libro *Agenda*.

1990 Se concede a José Hierro el Premio de las Letras en su convocatoria de este año.

1991 Se reedita *Quinta del 42* en la *Colección Literaria U.P.* de San Sebastián de los Reyes.

1995 Se le concede el IV Premio Reina Sofía de Poesía Iberoamericana.
Es nombrado *Doctor Honoris Causa* por la UIMP de Santander.
El 23 de Julio fallece su madre Esperanza Real Gómez.

1998 Concluye la redacción del libro *Cuaderno de Nueva York* y se publica en la colección de *Poesía Hiperión.* Se le concede el Premio Cervantes.

1999 Se editan los sonetos completos en la *Colección Literaria U.P.* de San Sebastián de los Reyes.
Se le concede el Premio de la Crítica 1998.
Es elegido académico de la Real Academia de la Lengua.
Premio Nacional de Poesía por *Cuaderno de Nueva York.*
Premio Francisco de Quevedo.
Premio Aristeion.

2000 Premio Miguel Hernández.

2002 Fallece el 21 de Diciembre, a las 14.30 h., en la habitación 410 del Hospital Carlos III de Madrid.

CHRONOLOGY

1922 José Hierro is born on April 3rd, 1922, in Madrid on Andrés Borrego Street, number 18-20, now number 16. His parents are Joaquín Hierro, employed by the telegraph company and a native of Madrid, and Esperanza Real, a native of Santander. He has one sister, Isabel.

1924 At the age of two, his entire family moves to Santander because his father is transferred there.

1928-1936 Primary school studies at the Salesian *Colegio*. Then he continues at the *Escuela de Industrias* where, against the wishes of his family, he studies electro-mechanical engineering, a course that he does not complete because of the war.

1932 He reads *El alcázar de las perlas* by Francisco Villaespesa which, in his words, will influence him unconsciously in the use of the enneasyllabic ballad form of his first books. During these years, he also reads *Peter Pan*, which will be remembered later in "Cradle Song to Rock a Prisoner to Sleep" in *Tierra sin nosotros*.

1934 He receives an award for children's stories at the *Ateneo* of Santander. He reads Gabriel Miró, whose unconscious influence can be seen in some lines from the poem "An Afternoon Like Any Other," from *Quinta del 42*.

1935 He reads *Versos humanos* by Gerardo Diego. During this year, he also reads Juan Ramón Jiménez.

1936 He meets José Luis Hidalgo, whose friend he will be until the death of the latter. At the beginning of this year, he reads the first *Anthology* that Gerardo Diego had prepared on the Generation of 27; the work represents, in his own words, "a bringing up to date of the most modern tendencies in poetry." He reads Dostoyevsky and *Tale of Two Cities* by Dickens, whose character Sidney Carton will have an influence on him when he writes his two unpublished novels. He begins to read the Spanish classics, feeling a special preference for Lope de Vega and traditional poetry forms.

1936-1937 His first poems appear published in a newspaper in Gijón and in the *Romancero General de la guerra de España.*

1936-1939 During the war, he lives with his family in Santander.

1937 Joaquín Hierro is incarcerated until 1941. In the autumn of that year, José Luis Hidalgo and José Hierro visit Gerardo Diego in Santander and present him with a selection of poems written by both of them.

1936-1938 He reads the major Symbolist and Post Symbolist poets (Baudelaire, Mallarmé and Valéry) in French, making the *Flowers of Evil* his bedside book.

1939 In September, he enters prison, charged with belonging to a clandestine network that aided and abetted prisoners, and he passes through the jails of Santander, Comendadoras (Madrid), Palencia, once again Santander, Porlier and Torrijos (Toledo), Segovia and Alcalá de Henares. He is made to stand trial two times, and, finally, he is sentenced to twelve years and a day of imprisonment, but he is released from jail in January of 1944. Within a few days, his father dies.

1942 The poetry review *Corcel* is born in Valencia as the result of a *tertulia* that takes place in the Bar Galicia and that is attended by Ricardo Blasco, Jorge Campos and Pedro Caba. José Luis Hidalgo, who was living there at the time, soon begins to collaborate.

1944 In January, José Hierro is released from the prison at Alcalá de Henares. In April of this year, the first number of the poetry review *Proel* appears. In July, José Luis Hidalgo and José Hierro meet up with Julio Maruri and Carlos Salomón on the Paseo de Pereda in Santander. Hierro reads them the first poems from *Tierra sin nosotros*: "Mili de Castro" and "August Moon." After spending the summer in Santander, José Hierro moves to Valencia, where Hidalgo assures him of having a job for him that really doesn't exist. Hierro begins to write the poems for *Tierra sin nosotros* (the first of which was "Mili de Castro"), a book that he will finish in 1946.

1944-1946 He lives in Valencia together with José Luis Hidalgo and Jorge Campos. There, he joins company with Ricardo Zamorano and Francisco Ribes, among others, in the poetry review *Corcel*, directed by Ricardo Blasco.

1945 In September, *Proel* publishes an "Homage to Quevedo" (num. XVIII). After several trips between Valencia and Santander, José Luis Hidalgo settles permanently in the capital of the Turia. Throughout this year, several poems from *Tierra sin nosotros* appear in the poetry reviews *Garcilaso, Corcel and Proel.*

1946 In the spring of this year, the second period of *Proel* begins. It is one in which José Hierro will participate very actively, and which will end, with the review, in 1950. José Luis Hidalgo becomes ill with a pulmonary infection, and he is moved to Madrid, where he is visited frequently by Hierro. The poems for *Alegría* begin to be written, a book that will be finished at the start of 1947.

1947 On the 3rd of February, José Luis Hidalgo dies in Madrid. *Tierra sin nosotros* is published (Santander: Ed. *Proel*), and *Alegría* receives the *Adonáis* Prize; the jury for the prize was composed of Vicente Aleixandre, Dámaso Alonso, José Luis Cano, Gerardo Diego and Enrique Azcoaga. At the end of the year, Hierro sends part of a new book, titled *Con las piedras, con el viento...*, to the married couple formed by Francisco Ribes and Josefina Escolano (María de Gracia Ifach); in the spring of 1948 he has it all finished, but when he is ready to send it to the printer in 1950, he realizes that he has lost it, and he writes it again, "all at once," with the help of the manuscript saved by the Ribes couple.

1947-1952 He lives and works in Santander, collaborating in the poetry review *Proel* along with Ricardo Gullón, whom he meets on his return to this city. During these years, he holds several jobs: roll taker in metallurgy shops, editor-in-chief of the publications for the Chamber of Commerce of Santander and for the Chamber of Agriculture, the latter one's publication titled *Tierras del Norte*.

1949 In the 5th number of *Proel* (spring and summer) appears the article by Eugenio Frutos titled "Humanism and Morality in Jean Paul Sartre," which contains "Existentialism is a form of Humanism" by the French philosopher. This year, he marries María de los Angeles Torres, a native of Santander. They will have four children: Juan Ramón, Margarita, Marián and Joaquín. *El viento sur* is published in a special run of one hundred copies (Santander: Hnos. Bedia). His son Juan Ramón is born.

1950 *Con las piedras, con el viento* (Santander: Ed. *Proel*) is published.

1951 Roger Noël-Mayer translates a brief anthology of poems by José Hierro into French, with a prologue by Manuel Arce, with the title *Poèmes* (Paris: Pierre Seghers). His daughter Margarita is born.

1952 Francisco Ribes includes him in the *Antología consultada de la joven poesía española* (Valencia: Dist. Marés). He begins to work in *Editora Nacional*, and he moves to Madrid, where he lives from then on. In *Editora Nacional*, he works first as a clerk, then as a person in charge of editions, designing the book covers and correcting the galleys of editions. He works as a promoter in Spain for *Reader's Digest* and the review *Dunia*, until the latter is moved to Barcelona. He works for *Radio Nacional* until 1987, the year in which he retires.

1953 *Quinta del 42* is published (Madrid: *Editora Nacional*). His daughter Marián is born.

1954 *Antología poética* is published (Santander: Pablo Beltrán de Heredia; 2nd edition. Torrelavega: Cantalapiedra, 1954).

1955 *Estatuas yacentes* is published (Santander: *Colección "Clásicos de todos los años"*).

1957 *Cuanto sé de mí* is published (Madrid: *Agora*). The book receives the Critics' Prize and the March Prize. The compiled volume of Hierro's first two books, titled *Poesía del momento* and preceded by a prologue by the author, is published (Madrid: *Afrodisio Aguado*). The poems for *Libro de las alucinaciones* begin to be written, a book that will be finished in 1963.

1960 *Poesías escogidas*, an anthology with a prologue by the author, is published (Buenos Aires: *Losada*). He is included in the anthology *Cuatro poetas de hoy: José Luis Hidalgo, Gabriel Celaya, Blas de Otero y José Hierro*, by María de Gracia Ifach (Madrid: *Taurus*).
His son Joaquín is born.

1962 *Poesías completas* (1944-1962), first edition (Madrid: *Giner*). He is included in the anthology *Veinte años de poesía española* (1939-1959) by José M.ª Castellet (Barcelona: *Seix Barral*).

1964 *Libro de las alucinaciones* is published (Madrid: *Editora Nacional*), a work that receives the Critics' Prize for that year. A second edition of this book, edited by Dionisio Cañas, will come out in 1986 in the collection *Letras Hispánicas* in the *Cátedra* publishing house.

1965 He is included in *Poesía española contemporánea. Antología* (1939-1964). *Poesía social* (Madrid: *Alfaguara*), prepared by Leopoldo de Luis.

1970 Early seventies. José Hierro hosts a poetry *tertulia* in the *Ateneo* that, for political reasons, is eventually censored and has to be moved to the bookstore *Abril* on Arenal Street. The *tertulia* at the *Abril* bookstore, hosted by Carmina Abril, José Gerardo Manrique de Lara and José Hierro, is inaugurated with a poetry reading by Vicente Aleixandre.

1974 *Cuanto sé de mí* (Barcelona: *Seix Barral*). With this title, a second edition of the complete works of José Hierro, including books published until this date, is published.

1975 Work begins on the first poems of a book that will have as its title *Agenda*.

1978 *Compasivamente en la noche*. The first poems for *Agenda* appear published under this title, accompanied by an article by Aurora de Albornoz, *"Aproximación a la obra poética de José Hierro" (1947-1977)* in *Cuadernos Hispanoamericanos*, num. 341, November, 1948, 291-296.

1980 *Antología de la obra de José Hierro* (Madrid: *Visor*, second edition, 1985) is an extensive anthology published by Aurora de Albornoz.

1981 He receives the Prince of Asturias Prize.

1982 *José Hierro*, an anthology preceded by an extensive prologue, is published by Aurora de Albornoz in the collection *"Los poetas"* (Madrid-Gijón: Ed. *Júcar*).

1986 *Book of Hallucinations* is published in a second edition by *Cátedra* with an introduction and bibliography by Dionisio Cañas.
Pablo Iglesias Prize.

1987 José Hierro retires from his job at *Radio Nacional*.

1990 *Agenda*. Work on the book comes to an end.
José Hierro is granted the Prize of Letters in the session for this year.

1991 *Quinta del 42* is reprinted in the *Colección Literaria Universidad Popular* of San Sebastián de los Reyes.

1995 He is granted the Queen Sofía Prize for Iberoamerican Poetry (IV). He is named Doctor *Honoris Causa* by the UIMP of Santander. On July 23rd, his mother, Esperanza Real Gómez, dies.

1998 *Cuaderno de Nueva York*. Work on this book comes to an end, and it is published in the *Poesía Hiperión* collection. He is awarded the Cervantes Prize.

1999 *Sonetos*. A complete collection of his sonnets is published in the *Colección Literaria Universidad Popular* of San Sebastián de los Reyes. He is awarded the Critics' Prize for 1998. He is elected as an Academician of the Royal Academy of the Language. He receives the National Prize for Poetry for *Cuaderno de Nueva York,* the Francisco de Quevedo Prize and the Aristeion Prize. On March 23rd, he delivers his acceptance speech for the Cervantes Prize before King Juan Carlos I at Alcalá de Henares, the birthplace of Cervantes. *Cuaderno de Nueva York/New York Notebook*, a bilingual edition of *Cuaderno de Nueva York* translated by Gordon E. McNeer, is published in the *Colección Literaria Universidad Popular* of San Sebastián de los Reyes.

2000 Miguel Hernández Prize.

2002 He expires on December 21st at 2.30 p.m. in room 410 of the Carlos III Hospital in Madrid.

ÍNDICE

CONTENTS

Page

Esta obra se acabó
de imprimir en Madrid
el 19 de Marzo de 2003
día de "San José"

Reprofot, S.L.
Teléfono: 91 733 87 28
C/ Celeste, 2 - 28043 Madrid